V&R

Gottlob Frege

Funktion, Begriff, Bedeutung

Fünf logische Studien

Herausgegeben und eingeleitet
von Günther Patzig

Vandenhoeck & Ruprecht

Gottlob Frege

geboren am 8. 11.1848 in Wismar, gestorben am 26.7.1925 in Bad Kleinen. Mathematiker und Philosoph. 1874 Privatdozent der Mathematik in Jena, 1896 bis 1917 ordentlicher Honorarprofessor daselbst. Freges Forschungen begründeten die mathematische Logik und üben einen ständig wachsenden Einfluss auf die analytische Philosophie der Gegenwart aus.

Günther Patzig

geb. 1926 in Kiel. Studium (Klassische Philologie und Philosophie) 1945–51 in Göttingen und Hamburg. 1958 Habilitation in Göttingen, 1960 ao., 1962 o. Professor der Philosophie in Hamburg, seit 1963 in Göttingen, 1991 emeritiert. Arbeiten besonders zur antiken Philosophie, zur Logik, Sprachphilosophie und Ethik.

Bibliografische Information der Deutschen Nationalbibliothek

Die Deutsche Nationalbibliothek verzeichnet diese Publikation in der Deutschen Nationalbibliografie; detaillierte bibliografische Daten sind im Internet über <http://dnb.d-nb.de> abrufbar.

ISBN 978-3-525-23115-9

Druck und Bindung: ⊕ Hubert & Co, Göttingen

Gedruckt auf alterungsbeständigem Papier.

Inhalt

Vorworte von Günther Patzig

Vorwort zur Neuausgabe 2008

Es freut mich, dass der Verlag sich entschlossen hat, diese zuerst 1962 erschienene Sammlung wichtiger Schriften Gottlob Freges neu herauszugeben, die seit 2003 vergriffen war. Zusammen mit dem Parallelbändchen »Logische Untersuchungen« (1966, 4. Auflage 1993) hat sie sich als Text für philosophische Seminare zur Einführung in die Philosophie Gottlob Freges bewährt.

Die beigegebenen Sachregister und das Literaturverzeichnis (S. 78–80) sollen auch dem Leser, der sich im Selbststudium mit Freges Texten bekannt machen will, Anregungen vermitteln. Die seit 1962 stark angewachsene Literatur kann hier natürlich nur in strikter Auswahl nachgewiesen werden; zur Ergänzung sei der Leser auf die angeführten Bibliographien hingewiesen.

Göttingen, im Januar 2008 Günther Patzig

Vorwort zur ersten Auflage 1962

Die vorliegende Sammlung von fünf Aufsätzen soll einem weiteren Kreis von philosophisch interessierten Lesern einige wesentliche Arbeiten Gottlob Freges bequem zugänglich machen, die bislang nur in verschollenen Bänden verschiedener philosophischer Zeitschriften oder in englischer Übersetzung erreichbar waren. Für eine solche Veröffentlichung scheint der gegenwärtige Zeitpunkt um so geeigneter, als auch die Hauptwerke Freges, die »Begriffsschrift« (1879), die »Grundlagen der Arithmetik« (1884) und die »Grundgesetze der Arithmetik« I/II (1893/1903) seit kurzer Zeit in photomechanischen Nachdrucken wieder zur Verfügung stehen.

Bei der Auswahl der Aufsätze war die Absicht leitend, dem Leser möglichst wenig technischen Apparat zuzumuten, ihm aber doch vor allem diejenigen Texte Freges vorzulegen, in denen seine in der heutigen philosophischen Diskussion wirkungsvollsten Theorien eine prägnante Formulierung erfahren haben. Unter diesem Gesichtspunkt mußte die Gruppe von drei Aufsätzen »Funktion und Begriff«, »Begriff und Gegenstand«, »Sinn und Bedeutung« in den Vordergrund treten, die Frege 1891 und 1892 im Alter von 43 Jahren auf dem Höhepunkt seiner wissenschaftlichen Produktivität in schneller Folge veröffentlichte und denen er den ersten Band seines Hauptwerks »Grundgesetze der Arithmetik« unmittelbar nachfolgen ließ. *»Funktion und Begriff«* enthält den Nachweis, daß ein rechtes Verständnis dessen, was eine Funktion im Sinne der Mathematik ist, und dessen, was die Logik unter dem Titel »Begriff« behandelt, von der Einsicht abhängt, daß Begriffe *eine spezielle Klasse von Funktionen* sind. Auf diese Weise will Frege dartun, daß zwischen Mathematik und Logik ein systematischer Zusammenhang besteht, der zu der Formulierung berechtigt, die Mathematik sei nichts anderes als eine »weiter entwickelte Logik«. Auf dem Wege dahin führt Frege in diesem Aufsatz zuerst den Terminus »Wahrheitswert« ein, der in der modernen Logik eine zentrale Rolle übernimmt; er erklärt ferner den Unterschied zwischen Funktionen erster und zweiter Stufe und den Unterschied zwischen Begriffen (als Funktionen eines Arguments) und Beziehungen (als Funktionen von zwei oder mehr Argumenten). *»Sinn und Bedeutung«* führt diese Untersuchung weiter und verwendet die in »Funktion und Begriff« gewonnenen Einsichten zum Entwurf einer allgemeinen Bedeutungslehre. In diesem Aufsatz darf man eine der wichtigsten historischen Quellen der modernen Semantik sehen. Der Aufsatz *»Begriff und Gegenstand«* enthält wesentliche zusätzliche Überlegungen, die hier, wie bei Frege oft, in kritischer Auseinandersetzung mit Darlegungen eines anderen Autors, in unserem Falle mit Aufsätzen *Kerrys,* gewonnen werden.

Neben diese drei grundlegenden Arbeiten tritt in unserer Sammlung der spätere Beitrag zur Festschrift für L. Boltzmann unter dem Titel *»Was ist eine Funktion?« (1904),* der den mathematischen Funktionsbegriff im Anschluß an »Funktion und Begriff« in einer Weise durchsichtig macht, die der philosophischen Forderung auf prinzipielle Klarheit und Deutlichkeit genügt. Beigegeben ist schließlich die frühere Abhandlung *»Über die wissenschaftliche Berechtigung einer Begriffsschrift« (1882).* Hier hat Frege in allgemeinverständlicher Argumentation die Notwendigkeit einer logischen Kunstsprache, eben seiner »Begriffsschrift«, die er in seinem gleichnamigen Buch von 1879 vorgelegt hatte, klar begründet. Von dem Charakter der Fregeschen Begriffsschrift, mit der zum ersten Male der von Leibniz erhobenen Forderung nach einer Kunstsprache, die als ein »Ariadnefaden des Denkens« dienen könnte, in den Hauptpunkten entsprochen wurde, können in dieser Aufsatzsammlung nur einige kleine Proben in »Funktion und Begriff« eine Vorstellung geben. Für ein näheres Studium dieser epochemachenden Leistung Freges muß der Leser auf die »Begriffsschrift« und die »Grundgesetze der Arithmetik« verwiesen werden.

Da die vorliegende Sammlung nur eine Einführung in Freges Gedanken geben kann, ist ihr am Schluß eine Zusammenstellung sämtlicher Veröffentlichungen Freges sowie eine Übersicht über die bisherige Frege-Literatur in einer über die bisher vorliegenden Bibliographien hinausgehenden Vollständigkeit beigegeben worden. Es versteht sich von selbst, daß Freges Theorien auch in den Standardwerken der modernen Logik und der Geschichte der Logik eingehend besprochen werden. Da im Rahmen dieses Bandes unmöglich sämtliche hier einschlägigen Bücher angeführt werden konnten, möchte ich hier nur auf die meisterhafte Darstellung Freges und die historische Würdigung seiner Theorien in »The Development of Logic« von *Martha* und *William Kneale* (Oxford 1962) hinweisen, und außerdem *R. Carnaps* Buch »Meaning and Necessity« (Chicago 1947, 3. Aufl. 1960), das eine Theorie der Semantik und Modallogik in fortgesetzter Auseinandersetzung mit Freges Theorien entwickelt, sowie *A. Churchs* »Introduction to Mathematical Logic« I (Princeton 1956, 2. Aufl. 1960) erwähnen, das sich von allen anderen auf der Höhe der heutigen Forschung stehenden Lehrbüchern dadurch unterscheidet, daß es sich der Fregeschen Grundauffassung hinsichtlich des Verhältnisses von Mathematik und Logik am nächsten anschließt und auch Freges Überzeugung von der Objektivität logischer Gegenstände übernimmt, die man, mit begrenztem Recht, in eine sachliche Verbindung mit Platons Ideenlehre gebracht hat.

Frege blieb der seinen Leistungen entsprechende äußere Erfolg zu seinen Lebzeiten versagt. Er wurde am 8. November 1848 in Wismar geboren, studierte Mathematik in Jena und Göttingen (wo er auch bei *Hermann Lotze* Philosophie hörte), habilitierte sich

1874 in Jena für Mathematik und wurde dort 1879 zum außerordentlichen Professor, 1896 zum ordentlichen Honorarprofessor ernannt. Er trat 1917 vom Lehramt zurück und starb am 26. Juli 1925 in Bad Kleinen. Obwohl seit 1900 die Bedeutung seiner Arbeiten internationale Anerkennung (besonders durch *G. Peano, B. Russell, B. Jourdain)* fand, hat Frege nicht einmal das normale Berufsziel der akademischen Laufbahn, den ordentlichen Lehrstuhl, erreicht. Nicht den Mangel an äußerem Erfolg, sondern den Mangel an Resonanz seiner Gedanken, von denen er wußte, daß sie bahnbrechend waren, hat Frege in den Jahren von 1880 bis 1900 bitter empfunden. Er spricht darüber mit ergreifender Schlichtheit im Vorwort zum ersten Band der »Grundgesetze der Arithmetik« (S.X/XI, XII/XIII):

»Wie man sieht, sind die Jahre nicht vergebens seit dem Erscheinen meiner Begriffsschrift und meiner Grundlagen verflossen: sie haben das Werk gereift. Aber gerade das, was ich als wesentlichen Fortschritt erkenne, steht, wie ich mir nicht verhehlen kann, der Verbreitung und der Wirksamkeit meines Buches als großes Hemmniss im Wege. Und worin ich seinen Werth nicht zum geringsten Theile sehe, die strenge Lückenlosigkeit der Schlußketten wird ihm, wie ich fürchte, wenig Dank einbringen. Ich habe mich von den hergebrachten Auffassungsweisen weiter entfernt und dadurch meinen Ansichten ein paradoxes Gepräge aufgedrückt. Leicht wird ein Ausdruck, der hier oder da beim flüchtigen Durchblättern aufstößt, befremdlich erscheinen und ein ungünstiges Vorurtheil erzeugen. Ich selbst kann ja das Widerstreben einigermaassen abschätzen, dem meine Neuerungen begegnen werden, weil ich selbst ein ähnliches erst in mir überwinden mußte, um sie zu machen. Denn nicht aufs Gerathewohl und aus Neuerungssucht, sondern durch die Sache selbst gedrängt, bin ich dahin gelangt.

Hiermit komme ich auf den zweiten Grund der Verspätung: die Muthlosigkeit, die mich zeitweilig überkam angesichts der kühlen Aufnahme, oder besser gesagt, des Mangels an Aufnahme meiner oben genannten Schriften bei den Mathematikern und der Ungunst der wissenschaftlichen Strömungen, gegen die mein Buch zu kämpfen haben wird. Schon der erste Eindruck muß abschrecken: unbekannte Zeichen, seitenlang nur fremdartige Formeln. So habe ich mich denn zu Zeiten andern Gegenständen zugewendet. Aber auf die Dauer konnte ich doch die Ergebnisse meines Denkens, die mir werthvoll schienen, nicht in meinem Pulte verschließen, und die aufgewendete Arbeit forderte immer neue Arbeit, um nicht vergeblich zu sein.« ...

»Sonst sind die Aussichten meines Buches freilich gering. Jedenfalls müssen alle Mathematiker aufgegeben werden, die beim Aufstoßen von logischen Ausdrücken, wie »Begriff« »Beziehung«, »Urtheil« denken: *metaphysica sunt, non leguntur!* und ebenso die Philosophen, die beim Anblicke einer Formel ausrufen: *mathematica sunt, non leguntur!* und sehr wenige mögen das nicht sein. Vielleicht ist die Zahl der Mathematiker überhaupt nicht groß, die sich um die Grundlegung ihrer Wissenschaft bemühen, und auch diese scheinen oft große Eile zu haben, bis sie die Anfangsgründe hinter sich haben. Und ich wage kaum zu hoffen, daß meine Gründe für die peinliche Strenge und damit verbundene Breite viele von ihnen überzeugen werden. Hat doch das einmal Hergebrachte große Macht über die Gemüther. Wenn ich die Arithmetik mit einem Baume vergleiche, der sich oben in eine Mannichfaltigkeit von Methoden und Lehrsätzen entfaltet, während die Wurzel in die Tiefe strebt, so scheint mir der Wurzeltrieb, in Deutschland wenigstens, schwach zu sein.«

Unter diesen Umständen wollen wir nicht den seit Schopenhauer in der Philosophie zum Klischee gewordenen Vorwurf wiederholen, die Zunft habe Frege »totgeschwiegen«, den *P. Linke* in seinem lesenswerten, wenn auch etwas einseitigen Aufsatz »G. Frege als Philosoph« (Zeitschrift f. Philos. Forschung 1, 1946, S. 79) erhoben hat. Dieser Vorwurf ist in den Fällen, in denen er vorgebracht wird, meistens ebenso unbegründet, wie er schwer zu widerlegen wäre. Freilich ist es ein unentschuldbares Versäumnis, wenn etwa das zweibändige Philosophenlexikon von *W. Ziegenfuß* und *G. Jung* (1949/50) Frege mit Stillschweigen übergeht (an der Stelle findet man stattdessen einen Artikel über G. Frenssen!); aber zu der Zeit, in der Frege schrieb, gab es gute Gründe, warum die Fragen, denen er mit Anspannung aller Kräfte nachdachte, seinen Zeitgenossen nicht als dringend und die Lösungen, die er für einige dieser Fragen fand, nicht als sonderlich einleuchtend erschienen.

Es bedarf zweifellos einiger Erläuterung, wenn gesagt wird, die Theorien Freges hätten für die philosophische Diskussion unserer Tage große Bedeutung, ja, Frege sei ein großer Philosoph gewesen.[1]

---

[1] Heinrich Scholz hat ihn in seiner etwas emphatischen Redeweise in dem sehr lesenswerten Aufsatz »Gottlob Frege« von 1941, gedruckt in dem Band »Mathesis Universalis. Abhandlungen zur Philosophie als strenger Wissenschaft«, hrsg. von H. Hermes u. a., Basel 1961, S. 268 bis 278) einen der »größten abendländischen Denker überhaupt, einen Denker vom Rang und der Tiefe eines Leibniz« genannt.

Ich selbst halte diese Auffassung für richtig, aber ich glaube nicht, daß sie unmittelbar evident ist. Denn Frege war Mathematiker vom Fach; vom Versuch einer strengen Begründung der mathematischen Sätze ist er ausgegangen, und seine großen Leistungen liegen durchaus im Felde der Logik. Näherhin kann man ihn im Doppelsinn des Worts als den »Begründer« der neuen, gegenüber der herkömmlichen Logik zugleich vertieften und wesentlich erweiterten Logik bezeichnen, die unter dem Namen der »mathematischen Logik« geht und die seit Freges »Begriffsschrift« von 1879 einen heute unvermindert anhaltenden Aufschwung genommen hat. Freges logische Leistungen wurden provoziert durch seinen Versuch, die Schlüsse, die beim Aufbau der Arithmetik verwendet werden, einer unüberholbaren, über die Strenge Euklids noch hinausgehenden Prüfung zu unterwerfen. Bei diesem Versuch gelangte er zu der Einsicht, daß die Umgangssprache zur Wiedergabe der hier auftretenden feineren logischen Strukturen ungeeignet ist, und so zur geglückten Konstruktion einer logischen Kunstsprache, danach schrittweise zu weitausgreifenden Untersuchungen über das Verhältnis von Sprache und Wirklichkeit sowie über das Verhältnis der Logik zur Erkenntnistheorie und Psychologie.

Die Bedeutung der Schriften Freges für die Entwicklung der Logik ist unbestritten. Statt vieler Belege genüge der Hinweis, daß *B. Russell* und *A. N. Whitehead,* die Verfasser des für die mathematische Logik grundlegenden Werks »Principia Mathematica« (1910), im Vorwort ausdrücklich mitteilen, sie verdankten die tragenden Gedanken ihres logischen Systems G. Frege. Jedoch: Frege mag in der *Logik* Großes geleistet haben; gibt uns das schon das Recht, seinen Arbeiten eine besondere Bedeutung für die *Philosophie* im Ganzen zuzusprechen? Denn die Logik ist, wenn überhaupt eine Disziplin der Philosophie (dies war ja schon in der Antike umstritten), doch jedenfalls nur eine unter mehreren philosophischen Disziplinen. Und wenn auch gelten mag, daß Frege, eben als Logiker, auch Philosoph genannt zu werden verdiente, so folgt doch nicht, daß ein bedeutender Logiker auch eben deshalb schon ein bedeutender Philosoph sein müßte. Andererseits ist die Annahme, ein bedeutender Logiker könne eben als Logiker auch ein bedeutender Philosoph sein, nicht etwa widersprüchlich. Da sie weder selbstverständlich noch widersprüchlich ist, kann sie wahr oder falsch sein. Meine Meinung geht, wie gesagt, dahin, daß sie wahr ist; aber eine Meinung ist soviel wert wie die Gründe, die hinter ihr stehen. Welches sind nun diese Gründe? Wir können uns auf die beiden folgenden Punkte beschränken: Erstens kann ein Logiker auf seinem Felde Einsichten so prinzipieller Art gewinnen, daß ihre Kenntnis für jeden, der sich um ein angemessenes Verständnis der Philosophie und ihrer Probleme bemüht, unentbehrlich ist. Und zweitens kann ein Logiker seine Untersuchungen in einer so vorbildlichen Weise führen, mit einer so überlegenen Umsicht zu Werke gehen, sich in so redlicher Weise allen Schwierigkeiten stellen, die Darstellung seiner Ergebnisse zu so vollkommener Deutlichkeit ausreifen lassen, daß mit seinen Schriften, mögen sie sich nach ihrem Gegenstandsbereich auf das Gebiet der Logik beschränken, ein Maßstab gesetzt wird, an dem sich hinfort auch philosophische Untersuchungen auf anderen Gebieten gefallen lassen müssen, gemessen zu werden. Man darf annehmen, daß diejenigen, die Frege einen bedeutenden Philosophen nennen, sich vor allem von diesen beiden Gründen leiten lassen.

Daß nun gerade Forschungen auf dem Felde der Logik geeignet sind, Einsichten zu gewinnen, die für die Philosophie im Ganzen wichtig werden können, wird deutlicher, wenn man das Verhältnis der Logik zur Philosophie richtig auffaßt. Die Philosophie ist ja weder ein Forschungsgebiet, das man zum Zwecke leichterer Übersicht in verschiedene Teilgebiete aufgliedern kann, auf denen dann die Spezialisten ihrer Arbeit ungestört nachgehen können, wie Landwirte nach einer Flurbereinigung, noch darf man die Philosophie mit einem Bauwerk vergleichen, an dessen Errichtung in verschiedenen Stockwerken oder Funktionen Logiker, Ethiker, Ästhetiker usw. gemeinsam arbeiten, wie Maurer, Zimmerleute usw. an einem wirklichen Haus. Für unseren Zusammenhang genügt die Feststellung, daß alle übrigen Disziplinen der Philosophie sich schon deshalb auf die Logik verwiesen sehen, weil sie sich zur Mitteilung und Formulierung ihrer Einsichten bzw. Thesen einer Sprache bedienen müssen und sich im allgemeinen der durch Fachausdrücke ergänzten Umgangssprache zu bedienen pflegen. Nun ist es eine schon von antiken Denkern gelegentlich ausgesprochene und von Leibniz in seinen Schriften zur *Characteristica universalis* nachdrücklich vorgetragene Erkenntnis, daß die natürlichen Sprachen um so ungeeigneter zum Ausdruck unserer Gedanken werden, je abstrakter die Verhältnisse sind, auf die sich unser Denken richtet. Hier greift die Unbestimmtheit und Mehrdeutigkeit der Worte der natürlichen Sprache störend ein, besonders aber ihre Tendenz, radikal verschiedene formale Verhältnisse durch formal gleiche Ausdrucksmittel darzustellen. Als ein besonders wichtiges Beispiel kann die Mehrdeutigkeit des »ist« in den indogermanischen Sprachen gelten. Es kann dazu dienen, die Existenz (»Gott ist«), die Beziehung der Identität (»Sokrates ist der Lehrer Platons«), die Zugehörigkeit eines Gegenstandes zu einer Klasse (»Platon ist ein Philosoph«) und die Unterordnung einer Klasse unter eine andere Klasse (»Walfische sind Säugetiere«), also vier formal gänzlich voneinander verschiedene Sachverhalte, sprachlich auszudrücken. Auf diesen Mehrdeutigkeiten der indogermanischen Sprachen beruhen berühmte philosophische Theorien, wie der sogenannte Monismus des *Parmenides* (ca. 480 v. Chr.) oder der ontologische Gottesbeweis des *Anselm von Canterbury* (geb. 1033), und es ist Aufgabe der Logik, diese Mehrdeutigkeiten aufzuweisen und Mittel zu ihrer Entschärfung zu finden. Denn die Regeln für korrektes Schließen in einer Sprache müssen so formuliert werden können, daß sie den Übergang von Sätzen einer bestimmten Form zu Sätzen einer anderen bestimmten Form *ausnahmslos* rechtfertigen. Dieser Anforderung genügen im allgemeinen nur künstliche, auf diesen Zweck hin angelegte Sprachen.

Hier sollte nur der Ausdruck »künstliche« Sprache nicht das verbreitete Mißbehagen erwecken, das wohl durch die Erinnerung etwa an künstliche Blumen gespeist wird. Denn auch die sogenannte »natürliche« Sprache ist nicht wie eine Feldblume gewachsen, sondern ein ἔργον, ein Werk des Menschen, wenn auch ein so mit menschlicher Existenz verschlungenes Werk, daß man mit Recht sagen konnte, der Mensch bringe sich selbst hervor, indem er sich zur Sprache bringt. Eher sollte man den Unterschied von Kunstsprache und »natürlicher« Sprache am Bild der »gegründeten« Stadt in ihrem Unterschied zur »gewachsenen« Stadt zu begreifen suchen. Beide sind Menschenwerk, aber die eine ohne Plan allmählich fortgebaut, die andere nach regelhaftem Grundriß entworfen. Wenn man nun noch hinzunimmt, daß künstliche Sprachen nur auf sehr abstrakten Gebieten zur natürlichen Sprache in Konkurrenz treten wollen, für die natürliche Sprache nicht geschaffen ist, so wird sich das Mißbehagen gegenüber dem bloßen Gedanken einer Kunstsprache der Logik beruhigen. Subtilere formale Unterschiede können überhaupt erst *gesehen* werden, wenn man eine Sprache hat, in der man sie ausdrücken kann; insofern ist der Aufbau einer exakten logischen Sprache für die Analyse der umgangssprachlichen Argumentationen in der Philosophie unentbehrlich. Schon hieraus mag ersichtlich werden, daß Entscheidungen, die auf dem Felde der Logik fallen, für die Philosophie im Ganzen von erheblicher Tragweite sein können.

Was nun das Verhältnis der *Mathematik* zur Philosophie angeht, so wird man auch hier sagen dürfen, daß die Mathematik in einer Nähebeziehung zur Philosophie steht, die sich von den möglichen Beziehungen anderer Wissenschaften zur Philosophie nicht nur dem Grade nach unterscheidet. Es ist nicht zufällig, daß die Epochen, in denen die Philosophie entschiedene Fortschritte machte, mit Höhepunkten der Entwicklung der Mathematik zusammenfallen. Viele bedeutende Philosophen sind zugleich bahnbrechende Mathematiker gewesen, *Pythagoras*, die Schule *Platons, Descartes, Pascal* und *Leibniz* mögen als Beispiele genügen. Daß die Mathematik heute der Philosophie als Fachwissenschaft gegenübergestellt wird, ist das Ergebnis einer historischen Entwicklung, zu der besonders die Tatsache der möglichen *Anwendung* des mathematischen Kalküls bei der Beschreibung von Naturgesetzen beigetragen hat, so daß schließlich der ebenso verbreitete wie fundamentale Irrtum aufkommen konnte, die Mathematik sei eine der Naturwissenschaften.

Die Frage nach der Seinsart der mathematischen Gegenstände, insbesondere der Zahlen, ist immer ein *philosophisches* Problem der ersten Größenordnung gewesen. Für *Platon* (427-347 v. Chr.) war die Mathematik die Lehre von gewissen zeitlosen Gegenständen eigener Art, die durch die Mannigfaltigkeiten unserer Erfahrungswelt und die Figuren, die der Geometer in den Sand zeichnet, stets nur angedeutet, nie angemessen repräsentiert werden können. Das Verhältnis der anschaulichen Gegebenheiten, von denen der Mathematiker ausgeht, zu diesen eigentlichen Gegenständen der Mathematik, von denen die Theoreme sprechen, stellte Platon so sehr in den Rahmen seiner umfassenden Theorie des Dualismus von Idee und Erscheinungswelt, daß ihm die Mathematik geradezu als unentbehrliche Vorschule der Philosophie erschien. *Aristoteles* (384–322 v.Chr.) machte zwar die Platonischen Existenzbehauptungen besonderer mathematischer Gegenstände jenseits der Erfahrungswelt nicht mit, aber auch er bemühte sich, den Sätzen der Mathematiker ein fundamentum in re« zu sichern, und zwar dadurch, daß er die mathematischen Gegenstände als Abstraktionen und Idealisierungen von Eigenschaften der konkreten Dinge unserer Erfahrung deutete. In der Neuzeit konnte diese Auffassung nicht mehr genügen; die Mathematik hatte sich zu weit verzweigt und Gegenstandsgebiete von solcher Abstraktheit entworfen, daß es sinnlos schien, eine solche empirische Basis überall noch angeben zu wollen. Das Pathos der mathematischen Forschung entzündete sich mehr an der Platonischen Auffassung, nach der uns die Mathematik den Zugang in ein Reich der mathematischen Gegenstände eröffnet, dessen Weite und Tiefe unermeßlich scheint. Als einen Höhepunkt dieser Entwicklung darf man *G. Cantors* Lehre vom Aktualunendlichen, seine Theorie einer unabgeschlossenen Hierarchie unendlicher Mengen von aufsteigender Mächtigkeit ansehen, der das Wort *D. Hilberts* galt, aus dem Paradies, das Cantor den Mathematikern eröffnet habe, solle sie niemand vertreiben können.

Jedoch wurde diese besondere Art von Platonismus im Gegenzug der empiristischen Philosophien mit aller anderen die Erfahrung überschreitenden Metaphysik erschüttert. Die Frage nach dem Wesen der mathematischen Erkenntnis stellte sich von neuem. Denn daß Mathematik sich als Königin der *Wissenschaft* fühlen kann, setzt doch voraus, daß ihre Sätze nachprüfbare objektive Einsichten aussprechen. In diesem Sinne hatte schon *Kant* nach der Möglichkeit von Arithmetik und Geometrie als Wissenschaften gefragt; und seine Antwort sollte zugleich den apriorischen Charakter der Mathematik und ihre Anwendbarkeit auf die Naturwissenschaft (insbesondere auf die klassische Physik) begründen. Seine Lösung beruht auf dem Begriff der »reinen Anschauung«: Raum und Zeit sind Ordnungssysteme, die aller Erfahrung schon zugrunde liegen. Weil sie ihr *zugrunde liegen,* können sie nicht aus der Erfahrung abgezogen sein (insofern gelten die mathematischen Sätze *a priori*), und weil sie *aller Erfahrung* zugrunde liegen, ist die Einsicht in die Struktur dieser Anschauungsformen verbindlich für alles, was in der Erfahrung soll gegeben werden können. Diese großartig geschlossene Konzeption Kants steht heute noch im Mittelpunkt der Diskussion; über ihre prinzipielle Wahrheit oder Falschheit ist noch nicht entschieden, und verschiedene moderne

Theorien haben sich auf Kant berufen. Besonders wurde bestritten, daß die Sätze der Arithmetik irgendeiner, und sei es »reiner«, Anschauung zu ihrer Begründung bedürfen. Gerade Frege hat die Möglichkeit einer rein logischen Begründung der Arithmetik mit Nachdruck vertreten, jedoch ergaben sich bei der Durchführung dieses Programms Schwierigkeiten, die bislang nicht endgültig überwunden sind. Weiterhin ist gegen Kant mit Recht geltend gemacht worden, daß wir der Geltung bestimmter mathematischer Theorien, wie der euklidischen Geometrie, in der physikalischen Wirklichkeit nicht blind vertrauen dürfen. Diese Auffassung hat *A. Einstein* (1921) prägnant formuliert: »Insofern sich die Sätze der Mathematik auf die Wirklichkeit beziehen, sind sie nicht sicher, und insofern sie sicher sind, beziehen sie sich nicht auf die Wirklichkeit.«

Heute würde eine Definition der Mathematik am ehesten allgemeine Zustimmung erhoffen können, nach der die Mathematik die Lehre von den formalen Systemen oder eine allgemeine Strukturlehre ist. An die Stelle der objektiven Gültigkeit der Sätze der Mathematik für ein Ideenreich von mathematischen Gegenständen oder für die Dinge der Erfahrungswelt ist die Beweisbarkeit der mathematischen Theoreme aus gewissen Axiomen getreten. Die Frage nach der Wahrheit wird an ein gegebenes Axiomensystem nicht mehr gestellt, an ihre Stelle sind andere, sehr interessante Fragestellungen nach der Vollständigkeit, Widerspruchsfreiheit und Entscheidbarkeit eines Axiomensystems getreten. Durch diese formale Betrachtungsweise wird natürlich nicht *ausgeschlossen,* daß einige der von der Mathematik entworfenen und untersuchten Strukturen (reine Möglichkeiten des Denkens in Beweiszusammenhängen) empirische Modelle haben, derart, daß die Sätze der mathematischen Theorie in wahre Sätze über Natureignisse übergehen, wenn man an die Stelle der Variablen des Systems Namen von empirischen Gegenständen einsetzt und die Konstanten der Theorie entsprechend deutet. Die mathematische Naturwissenschaft, so könnte man dann sagen, zeigt uns nicht, *daß* die Naturgegenstände und -ereignisse den mathematischen Theorien entsprechen oder »gehorchen«. Sie zeigt uns vielmehr die Natur *von der Seite, in der* sie bestimmten, von der Mathematik erforschten formalen Systemen entspricht. So wird zugleich der Mathematik ein Bereich streng apriorischer Forschung gesichert und allen vernünftigen Forderungen des Empirismus hinsichtlich der Naturwissenschaften entsprochen.

Vielleicht genügen diese skizzenhaften Bemerkungen, um die Behauptung zu sichern, die Frage nach dem Gegenstandscharakter der mathematischen Gegenstände definiere ein philosophisches Problem erster Ordnung, und daß ein Denker, der sich dieser Untersuchung mit Konsequenz und Originalität zuwendet, mit Recht fordern darf, daß seine Untersuchungen von jedem Philosophen mit Aufmerksamkeit gelesen werden.

Was nun den anderen von mir angeführten Grund der philosophischen Bedeutung Freges, die Vorbildlichkeit seiner Argumentationsweise, anlangt, so werden auch hier einige grundsätzliche Anmerkungen genügen müssen:

Die Vorzüge der Argumentationsweise eines Denkers sind nicht etwa bloße literarische Vorzüge seiner Schriften. Es handelt sich nicht um stilistische Ansprüche eines literarischen Genres, auch nicht um die Frage, ob ein Autor neben der Fähigkeit zu wissenschaftlicher Einsicht auch noch die Gabe besitzt, seine Forschungsergebnisse verständlich und ansprechend zu formulieren. Die Forderungen an die Darstellung philosophischer Einsicht sind nichts, was der Philosophie selbst äußerlich bleiben könnte.[2] Denn die Philosophie ist nicht ein Bestand von wahren Sätzen, sondern ein Prozeß der Verdeutlichung. Und wenn dies gilt, so ist ein philosophischer Text nicht mehr ein schnell zu durcheilender Weg zu gewissen wertvollen Einsichten, der nur aus pädagogischer Rücksicht der Formulierung dieser Einsichten beigegeben wird, sondern der philosophische Text ist die Epiphanie der Philosophie selbst.

Was Philosophie ist, wird wohl nicht definiert werden können, solange Philosophie lebendig ist. Die Frage nach dem Wesen der Philosophie ist selbst in die philosophische Reflexion einbezogen und von ihr nicht zu trennen. Unbeschadet dieser Sachlage wird jeder, der in diesem Felde tätig werden will, ohne eine Gebrauchsdefinition von »Philosophie« nicht auskommen können. Eine solche Gebrauchsdefinition, die vielleicht einer heute unter Philoso-

---

[2] Hierzu vgl. J. König, Das spezifische Können der Philosophie als εὖ λέγειν (Blätter f. dt. Philosophie 10, 1937, S. 128–136). Ein Neudruck des Textes in G. Patzig (Hrsg.): J. König, Vorträge und Aufsätze, Karl Alber-Verlag, Freiburg/München 1978, S. 15–26.

phen einigermaßen verbreiteten Auffassung entsprechen würde und zugleich geeignet wäre, die Klassizität der Fregeschen Texte verständlich zu machen, könnte etwa folgendermaßen formuliert werden: Philosophie ist die Reflexion auf die Bedingungen der Möglichkeit genau dessen, was in jeder anderen als der philosophischen Einstellung für selbstverständlich muß genommen werden.

Um im Bereich der von Frege behandelten Probleme zu exemplifizieren: Der Mathematiker muß den Begriff der Zahl voraussetzen. Er entwickelt aus gewissen Axiomen die Theoreme eines mathematischen Gebiets, wie der Arithmetik oder der Geometrie. Aber was eigentlich der Begriff der Anzahl ist, was es eigentlich bedeutet, aus Axiomen gewisse andere Sätze abzuleiten, darüber kann er als Mathematiker keine Aussagen machen. Es ist Aufgabe der philosophischen Reflexion, auf die Bedingungen der Möglichkeit dessen zu reflektieren, was Mathematik ist und leisten kann. Entsprechendes gilt für die übrigen Wissenschaften und auch für weite Bereiche des praktischen Lebens. So sind die Bedingungen der Möglichkeit sprachlichen Verstehens, auf denen die Literaturwissenschaft beruht, die Bedingungen der Möglichkeit sittlicher Werturteile usw. nicht selbst Gegenstand der philologischen Forschung bzw. der moralischen Reflexion. Und sowohl die Mathematik wie die Literaturwissenschaft und die sittliche Praxis können auch ohne die Beantwortung solcher prinzipieller Fragen weiterkommen. Aber die Möglichkeit solcher Reflexion begleitet sie bei jedem Schritt.

Die Philosophie kann in diesem Sinn als die Wissenschaft vom Selbstverständlichen gelten, und daß diese Wissenschaft nicht selbst trivial sein muß, wird durch die Paradoxie vieler philosophischer Sätze, auch wahrer philosophischer Sätze, eindeutig belegt. Da der Philosoph sich nicht das Selbstverständliche zum Problem macht, sondern sich für die Problematik des bloß anscheinend Selbstverständlichen offenhält, muß er seinen Leser mit der größten Sorgfalt von den Evidenzen des bloßen vertrauten Umgangs mit den Dingen fortführen. Dabei kommt es nicht darauf an, dem Leser die eigene Originalität vorzuführen, sondern die Sache, die verhandelt wird, deutlich zu zeigen. Der Philosoph bewegt sich selbst auf der Höhe der Abstraktion nicht, wie Nietzsche meinte, wie ein Seiltänzer, sondern wie ein Bergführer, der freilich das Steigen seinem Schützling nicht abnehmen kann und will. Anders als ein Fachwissenschaftler, der im Prinzip nur die wahre Sachlage zu entwickeln und seine Auffassung zu begründen hat, muß der Philosoph, dessen Aufgabe die prinzipielle Verdeutlichung ist, auch abweichende Auffassungen, sofern sie nur ein Element der Plausibilität enthalten, als naheliegende Irrwege aufnehmen und sie dadurch ausschließen, daß er über sie hinausgeht. Dies ist die sachliche Basis der so vielbeklagten »unaufhörlichen Polemik« bei den großen Philosophen. Kurz, da die Philosophie eine Tätigkeit der reflektierenden Verdeutlichung ist, wird ein philosophischer Text seinen Zweck um so besser erfüllen, je treuer das Bild ist, das er von dieser Tätigkeit gibt. Es gibt gewisse Texte in der Philosophie, bei deren Studium der hinreichend vorbereitete Leser unwiderstehlich in die intellektuelle Bewegung, die man Philosophieren nennt, hereingezogen wird, und solche Texte dürfen mit Recht klassische philosophische Texte heißen. In diesem Sinne ist Frege ein Klassiker der Philosophie.

Günther Patzig

Freges Vorwort zu Funktion und Begriff

Ich gebe hiermit einen Vortrag gesondert heraus in der Hoffnung, daß er so einige Leser finden werde, denen er unter den Abhandlungen der Jenaischen Gesellschaft für Medizin und Naturwissenschaft unbekannt bleiben würde. Es ist meine Absicht, in nächster Zeit, wie ich schon früher angedeutet habe, darzulegen, wie ich die grundlegenden Definitionen der Arithmetik in meiner Begriffsschrift ausdrücke, und wie ich daraus Beweise allein mit meinen Zeichen führe. Für diesen Zweck ist es mir von Wert, mich auf diesen Vortrag berufen zu können, um nicht genötigt zu sein, mich dort in Erörterungen einzulassen, die vielleicht manchen als nicht unmittelbar zur Sache gehörig mißfallen würden, von anderen hingegen vermißt werden könnten. Mein Vortrag wendet sich, wie es der Ort mit sich brachte, nicht nur an Mathematiker; und ich habe mich einer so allgemeinverständlichen Ausdrucksweise zu bedienen gesucht, als es die verfügbare Zeit und der Gegenstand zuließen. Möge denn hierdurch in weiteren Kreisen der Gelehrten, insbesondere auch bei Logikern, Interesse für die Sache geweckt werden.

Funktion und Begriff [*]

(Vortrag, gehalten in der Sitzung vom 9.1.1891 der Jenaischen Gesellschaft für Medizin und Naturwissenschaft)

1 Vor längerer Zeit[1] hatte ich die Ehre, in dieser Gesellschaft über das Ganze von Bezeichnungen vorzutragen, das ich Begriffsschrift genannt habe. Heute möchte ich nun diese Sache von einer anderen Seite her beleuchten und einige Ergänzungen und neue Fassungen mitteilen, deren Notwendigkeit sich mir seitdem ergeben hat. Es kann sich dabei nicht um eine vollständige Darlegung meiner Begriffsschrift, sondern nur darum handeln, einige Grundgedanken ins Licht zu setzen.

Ich gehe von dem aus, was in der Mathematik Funktion genannt wird. Dieses Wort hat nicht gleich anfangs eine so weite Bedeutung gehabt, als es später erlangt hat. Es wird gut sein, unsere Betrachtung bei der ursprünglichen Gebrauchsweise zu beginnen und erst dann die späteren Erweiterungen ins Auge zu fassen. Ich will zunächst nur von Funktionen eines einzigen Arguments sprechen. Ein wissenschaftlicher Ausdruck erscheint da zuerst in seiner ausgeprägten Bedeutung, wo man seiner zum Aussprechen einer Gesetzmä-
2 ßigkeit bedarf. Dieser Fall trat für die Funktion ein bei der Entdeckung der höheren Analysis. Da zuerst handelte es sich darum, Gesetze aufzustellen, die von Funktionen im Allgemeinen gelten. In die Zeit der Entdeckung der höheren Analysis ist also zurückzugehen, wenn man wissen will, was zuerst in der Mathematik unter dem Worte »Funktion« verstanden wurde. Auf diese Frage erhält man wohl als Antwort: »unter einer Funktion von x wurde verstanden ein Rechnungsausdruck, der x enthält, eine Formel, die den Buchstaben x einschließt«. Danach würde z.B. der Ausdruck

$$2 \cdot x^3 + x$$

eine Funktion von x,

$$2 \cdot 2^3 + 2$$

* [Die Texte Freges sind der heutigen Rechtschreibung ohne Pedanterie angeglichen, offenbare Versehen und Druckfehler stillschweigend verbessert. Die Originalpaginierung ist am Rand beigegeben. Zusätze des Hrsg.s in eckigen Klammern.]

[1] Am 24. Januar 1879 und am 27. Januar 1882.

eine Funktion von 2 sein. Diese Antwort kann nicht befriedigen, weil dabei Form und Inhalt, Zeichen und Bezeichnetes nicht unterschieden werden, ein Fehler, dem man freilich jetzt in mathematischen Schriften, selbst von namhaften Verfassern, sehr oft begegnet. Ich habe schon früher[2] auf die Mängel der gangbaren formalen Theorien in der Arithmetik hingewiesen. Man spricht da von Zeichen, die keinen Inhalt haben, noch haben sollen, legt ihnen dann aber doch Eigenschaften bei, die nur einem Inhalte des Zeichens vernünftigerweise zukommen können. So auch hier: ein bloßer Ausdruck, die Form für einen Inhalt kann das Wesen der Sache
3 nicht sein, sondern nur der Inhalt selbst. Was ist nun der Inhalt, die Bedeutung von »$2 \cdot 2^3 + 2$«? Dieselbe wie von »18« oder von »$3 \cdot 6$«. In der Gleichung $2 \cdot 2^3 + 2 = 18$ wird ausgedrückt, daß die Bedeutung der rechtsstehenden Zeichenverbindung dieselbe sei wie die der linksstehenden. Ich muß hier der Ansicht entgegentreten, daß z.B. $2 + 5$ und $3 + 4$ zwar gleich, aber nicht dasselbe seien. Es liegt dieser Meinung wieder jene Verwechslung von Form und Inhalt, von Zeichen und Bezeichnetem zugrunde. Es ist ebenso, als ob man das wohlriechende Veilchen als verschieden von Viola odorata ansehen wollte, weil die Namen verschieden klingen. Die Verschiedenheit der Bezeichnung kann allein nicht hinreichen, eine Verschiedenheit des Bezeichneten zu begründen. Hier ist die Sache nur dadurch weniger durchsichtig, daß die Bedeutung des Zahlzeichens 7 nichts sinnlich Wahrnehmbares ist. Die jetzt sehr verbreitete Neigung, nichts als Gegenstand anzuerkennen, was nicht mit den Sinnen wahrgenommen werden kann, verleitet dann dazu, die Zahlzeichen selbst für die Zahlen, für die eigentlichen Gegenstände der Betrachtung zu halten[3]; und dann wären ja freilich 7 und $2 + 5$ verschieden. Aber eine solche Auffassung ist nicht zu halten, weil
4 man gar nicht von irgendwelchen arithmetischen Eigenschaften der Zahlen sprechen kann, ohne auf die Bedeutung der Zahlzeichen zurückzugehen. Die Eigenschaft der 1 z.B., mit sich selbst multipliziert sich selbst wieder zu ergeben, wäre eine reine Erdichtung; keine noch so weit getriebene mikroskopische oder chemische Unter-

[2] Die Grundlagen der Arithmetik, Breslau 1884, § 92 u. ff., und Sitzungsberichte der Jenaischen Gesellschaft für Medizin und Naturwissenschaft, Jahrg. 1885, Sitzung vom 17. Juli.

[3] Vergleiche die Aufsätze: Zählen und Messen erkenntnistheoretisch betrachtet von *H. v. Helmholtz*, und Über den Zahlbegriff von *Leopold Kronecker*. (Philosophische Aufsätze. *Eduard Zeller* zu seinem fünfzigjährigen Doktorjubiläum gewidmet. Leipzig 1887.)

suchung könnte jemals diese Eigenschaft an dem unschuldigen Gebilde entdecken, das wir Zahlzeichen Eins nennen. Man spricht vielleicht von einer Definition; aber keine Definition ist in der Weise schöpferisch, daß sie einem Dinge Eigenschaften verleihen könnte, die es nun einmal nicht hat, außer der einen, das auszudrücken und zu bezeichnen, wofür die Definition es als Zeichen einführt[4]. Dagegen haben die Gebilde, die wir Zahlzeichen nennen, physikalische und chemische Eigenschaften, die von dem Schreibmittel abhängen. Man könnte sich denken, daß einmal ganz neue Zahlzeichen eingeführt würden, wie die arabischen z.B. die römischen verdrängt haben. Niemand wird im Ernste annehmen, daß man dadurch ganz neue Zahlen bekäme, ganz neue Gegenstände der Arithmetik mit bisher noch unerforschten Eigenschaften. Wenn man also von den Zahlzeichen ihre Bedeutungen unterscheiden muß, so wird man
5 auch den Ausdrücken »2«, »1 + 1«, »3–1«, »6 : 3« dieselbe Bedeutung zuerkennen müssen; denn es ist gar nicht abzusehen, worin der Unterschied bestehen sollte. Man sagt vielleicht: 1 + 1 ist eine Summe, aber 6 : 3 ein Quotient. Was ist aber 6 : 3? die Zahl, welche mit 3 multipliziert 6 ergibt. »D i e Zahl», nicht »eine Zahl« heißt es; mit dem bestimmten Artikel deutet man an, daß es nur eine einzige gibt. Nun ist

$$(1 + 1) + (1 + 1) + (1 + 1) = 6,$$

und also ist (1 + 1) eben die Zahl, welche als (6 : 3) bezeichnet wurde. Die verschiedenen Ausdrücke entsprechen verschiedenen Auffassungen und Seiten, aber doch immer derselben Sache. Die Gleichung $x^2 = 4$ würde sonst nicht nur die beiden Wurzeln 2 und –2, sondern auch (1 + 1) und unzählige andere erhalten, die voneinander verschieden, wenn auch in gewisser Hinsicht einander ähnlich wären. Indem man nur zwei reelle Wurzeln anerkennt, verwirft man die Ansicht, das Gleichheitszeichen bedeute kein völliges Zusammenfallen, sondern nur eine teilweise Übereinstimmung. Halten wir daran fest, so sehen wir, daß die Ausdrücke

»$2 \cdot 1^3 + 1$«,
»$2 \cdot 2^3 + 2$«,
»$2 \cdot 4^3 + 4$«

[4] Es handelt sich dabei immer darum, mit einem Zeichen einen Sinn oder eine Bedeutung zu verbinden. Wo Sinn und Bedeutung ganz fehlen, kann eigentlich weder von einem Zeichen, noch von einer Definition die Rede sein.

Zahlen bedeuten, nämlich 3, 18, 132. Wenn nun die Funktion wirklich nur Bedeutung eines Rechnungsausdrucks wäre, so wäre sie eben eine Zahl; und etwas Neues hätten wir damit für die Arithmetik nicht gewonnen. Nun pflegt man freilich bei dem Worte »Funk-
6 tion« an Ausdrücke zu denken, in denen eine Zahl durch den Buchstaben x nur unbestimmt angedeutet ist, wie etwa

»$2 \cdot x^3 + x$«;

aber damit ist nichts geändert; denn dieser Ausdruck deutet dann eine Zahl auch nur unbestimmt an; und ob ich ihn hinschreibe, oder nur »x«, macht keinen wesentlichen Unterschied. Dennoch werden wir eben durch die Schreibung mit dem unbestimmt andeutenden »x« auf die richtige Fassung hingeleitet. Man nennt x das Argument der Funktion und erkennt in

»$2 \cdot 1^3 + 1$«,
»$2 \cdot 4^3 + 4$«,
»$2 \cdot 5^3 + 5$«

dieselbe Funktion wieder, nur mit verschiedenen Argumenten, nämlich 1, 4 und 5. Daraus ist zu ersehen, daß in dem Gemeinsamen jener Ausdrücke das eigentliche Wesen der Funktion liegt; d.h. also in dem, was in

»$2 \cdot x^3 + x$«

noch außer dem »x« vorhanden ist, was wir etwa so schreiben könnten

»$2 \cdot (\ )^3 + (\ )$«.

Es kommt mir darauf an, zu zeigen, daß das Argument nicht mit zur Funktion gehört, sondern mit der Funktion zusammen ein vollständiges Ganzes bildet; denn die Funktion für sich allein ist unvollständig, ergänzungsbedürftig oder ungesättigt zu nennen. Und dadurch unterscheiden sich die Funktionen von den Zahlen von Grund aus. Und aus diesem Wesen der Funktion erklärt es sich,
7 daß wir einerseits in »$2 \cdot 1^3 + 1$« und »$2 \cdot 2^3 + 2$« dieselbe Funktion erkennen, obwohl diese Ausdrücke verschiedene Zahlen bedeuten, während wir andererseits in »$2 \cdot 1^3 + 1$« und »$4 - 1$« trotz des gleichen Zahlenwertes nicht dieselbe Funktion wiederfinden. Wir sehen nun auch, wie leicht man dazu verführt wird, gerade in der Form des Ausdrucks das Wesentliche der Funktion zu sehen. In dem Ausdruck erkennen wir die Funktion dadurch, daß wir ihn zerlegt denken; und eine solche mögliche Zerlegung wird durch seine Bildung nahe gelegt.

Die beiden Teile, in welche der Rechnungsausdruck so zerlegt wird, das Zeichen des Arguments und der Ausdruck der Funktion sind ungleichartig, da ja das Argument eine Zahl, ein in sich abgeschlossenes Ganzes ist, was die Funktion nicht ist. Man kann dies vergleichen mit der Teilung einer Strecke durch einen Punkt. Man ist dann geneigt, den Teilungspunkt zu beiden Teilstrecken zu rechnen. Wenn man aber die Teilung rein vornehmen will, nämlich so, daß nichts doppelt gerechnet wird und nichts ausfällt, so darf man den Teilpunkt nur zu der einen Teilstrecke rechnen. Diese wird dadurch völlig in sich abgeschlossen und ist dem Argumente zu vergleichen, während der anderen etwas fehlt. Der Teilpunkt nämlich, den man ihren Endpunkt nennen könnte, gehört nicht zu ihr. Erst dadurch, daß man sie durch diesen Endpunkt oder eine Strecke mit zwei Endpunkten ergänzt, erhält man aus ihr etwas Vollständiges.
8 Wenn ich nun z.B. sage »die Funktion $2 \cdot x^3 + x$«, so ist x nicht als zur Funktion gehörig zu betrachten, sondern dieser Buchstabe dient nur dazu, die Art der Ergänzungsbedürftigkeit anzudeuten, indem er die Stellen kenntlich macht, wo das Zeichen des Arguments einzutreten hat.

Wir nennen nun das, wozu die Funktion durch ihr Argument ergänzt wird, den Wert der Funktion für dies Argument: So ist z.B. 3 der Wert der Funktion $2 \cdot x^2 + x$ für das Argument 1, weil wir haben $2 \cdot 1^2 + 1 = 3$.

Es gibt Funktionen, wie z.B. $2 + x - x$ oder $2 + 0 \cdot x$, deren Wert immer derselbe ist, was auch ihr Argument sei; wir haben $2 = 2 + x - x$ und $2 = 2 + 0 \cdot x$. Wenn man nun das Argument mit zur Funktion rechnete, so würde man die Zahl 2 für diese Funktion halten. Aber dies ist unrichtig. Obwohl hier der Wert der Funktion immer 2 ist, so ist die Funktion selbst doch von 2 zu unterscheiden; denn der Ausdruck einer Funktion muß immer eine oder mehrere Stellen aufweisen, welche zur Ausfüllung durch das Zeichen des Arguments bestimmt sind.

Die Methode der analytischen Geometrie bietet nun ein Mittel, uns die Werte einer Funktion für verschiedene Argumente anschaulich zu machen. Indem wir nämlich das Argument als Zahlenwert einer Abszisse und den zugehörigen Wert der Funktion als Zahlenwert der Ordinate eines Punktes betrachten, erhalten wir eine Gesamtheit von Punkten, die sich der Anschauung in den gewöhnlichen Fällen als Kurve darstellt. Jeder Kurvenpunkt entspricht einem Argumente mit dem zugehörigen Funktionswerte.

So gibt z.B.

9 $y = x^2 - 4x$

eine Parabel, wobei »*y*« den Wert der Funktion und den Zahlenwert der Ordinate ebenso andeutet wie »x« das Argument und den Zahlenwert der Abszisse. Vergleichen wir hiermit die Funktion

$$x(x-4),$$

so finden wir, daß sie allgemein für dasselbe Argument denselben Wert hat wie jene. Wir haben allgemein

$$x^2 - 4x = x(x-4),$$

welche Zahl auch für x genommen werde. Daher ist die Kurve, die wir aus

$$y = x^2 - 4x$$

erhalten, dieselbe wie die aus

$$y = x(x-4)$$

hervorgehende. Ich spreche das so aus: die Funktion $x(x-4)$ hat denselben Wertverlauf wie die Funktion $x^2 - 4x$.

Wenn wir schreiben

$$x^2 - 4x = x(x-4),$$

so haben wir nicht eine Funktion der anderen, sondern nur die Funktionswerte einander gleichgesetzt. Und wenn wir diese Gleichung so verstehen, daß sie gelten soll, was für ein Argument auch für x eingesetzt werden möge, so haben wir damit die Allgemeinheit einer Gleichung ausgedrückt. Wir können dafür aber auch sagen »der Wertverlauf der Funktion $x(x-4)$ ist gleich dem der Funk-
10 tion $x^2 - 4x$« und haben darin eine Gleichung zwischen Wertverläufen. Daß es nun möglich ist, die Allgemeinheit einer Gleichung zwischen Funktionswerten als eine Gleichung aufzufassen, nämlich als eine Gleichung zwischen Wertverläufen, ist, wie mir scheint, nicht zu beweisen, sondern muß als logisches Grundgesetz angesehen werden[5].

Es mag nun auch eine kurze Bezeichnungsweise für den Wertverlauf einer Funktion eingeführt werden. Zu dem Zwecke ersetze

[5] In manchen Wendungen der üblichen mathematischen Ausdrucksweise entspricht wohl das Wort »Funktion« dem, was ich hier Wertverlauf einer Funktion genannt habe. Aber Funktion in dem hier gebrauchten Sinne des Wortes ist das logisch Frühere.

ich das Zeichen des Arguments in dem Ausdrucke der Funktion durch ein griechisches Vokalzeichen, schließe das Ganze in Klammern ein und schicke ihm denselben griechischen Buchstaben mit einem Spiritus lenis vorher. Danach ist z.B.

$$\dot{\varepsilon}\,(\varepsilon^2 - 4\varepsilon)$$

der Wertverlauf der Funktion $x^5 - 4x$ und

$$\dot{\alpha}\,(\alpha \cdot [\alpha - 4])$$

der Wertverlauf der Funktion $x\,(x - 4)$, so daß wir in

»$\dot{\varepsilon}\,(\varepsilon^2 - 4\varepsilon) = \dot{\alpha} \cdot (\alpha \cdot [\alpha - 4])$«

den Ausdruck dafür haben, daß der erste Wertverlauf derselbe wie der zweite ist. Die griechischen Buchstaben sind absichtlich verschieden gewählt, um anzudeuten, daß nichts dazu nötigt, denselben zu nehmen.

11 »$x^2 - 4x = x\,(x - 4)$«

drückt zwar denselben Sinn aus, wenn wir es wie oben verstehen, aber in anderer Weise. Es stellt den Sinn dar als Allgemeinheit einer Gleichung, während der neu eingeführte Ausdruck einfach eine Gleichung ist, deren rechte Seite sowohl wie die linke eine in sich abgeschlossene Bedeutung hat. In

»$x^2 - 4x = x\,(x - 4)$«

deutet die linke Seite, allein betrachtet, nur unbestimmt eine Zahl an und ebenso die rechte Seite. Wenn wir bloß »$x^2 - 4x$« hätten, so könnten wir dafür auch »$y^2 - 4y$« schreiben, ohne den Sinn zu ändern; denn »y« deutet ebenso wie »x« nur unbestimmt eine Zahl an. Wenn wir aber beide Seiten zu einer Gleichung vereinigen, so müssen wir beiderseits denselben Buchstaben wählen und drücken dadurch etwas aus, was weder die linke Seite für sich, noch die rechte Seite, noch das Gleichheitszeichen enthält, nämlich eben die Allgemeinheit, freilich die Allgemeinheit einer Gleichung, aber doch in erster Linie eine Allgemeinheit.

Wie man eine Zahl unbestimmt durch einen Buchstaben andeutet, um Allgemeinheit auszudrücken, hat man auch das Bedürfnis, eine Funktion unbestimmt durch Buchstaben anzudeuten. Man bedient sich dazu meistens der Buchstaben f und F in der Weise, daß in »$f(x)$« und »$F(x)$« x das Argument vertritt. Hier kommt die Ergänzungsbedürftigkeit der Funktion dadurch zum Ausdruck,
12 daß der Buchstabe f oder F eine Klammer mit sich führt, deren

Innenraum zur Aufnahme des Argumentzeichens bestimmt ist. Danach deutet

»$\acute{\varepsilon}\, f(\varepsilon)$«

den Wertverlauf einer Funktion an, die unbestimmt gelassen ist.

Wie ist nun die Bedeutung des Wortes Funktion beim Fortschreiten der Wissenschaft erweitert worden? Man kann dabei zwei Richtungen unterscheiden.

Erstens nämlich ist der Kreis der Rechnungsarten erweitert worden, die zur Bildung einer Funktion beitragen. Zu der Addition, Multiplikation, Potenzierung und deren Umkehrungen sind die verschiedenen Arten des Grenzüberganges hinzugekommen, ohne daß man allerdings immer ein klares Bewußtsein von dem wesentlich Neuen hatte, das damit aufgenommen werde. Man ist weiter gegangen und sogar genötigt worden, zu der Wortsprache seine Zuflucht zu nehmen, da die Zeichensprache der Analysis versagte, wenn z.B. von einer Funktion die Rede war, deren Wert für rationale Argumente 1, für irrationale 0 ist.

Zweitens ist der Kreis dessen erweitert worden, was als Argument und Funktionswert auftreten kann, durch Aufnahme der komplexen Zahlen. Hiermit mußte zugleich der Sinn der Ausdrücke »Summe«, »Produkt« usw. weiter bestimmt werden.

In beiden Richtungen gehe ich nun weiter. Zunächst nehme ich zu den Zeichen +, – usw., die zur Bildung eines Funktionsausdruckes
13 dienen, noch hinzu Zeichen wie =, >, <, so daß ich z.B. von der Funktion $x^2 = 1$ sprechen kann, wo x wie früher das Argument vertritt. Die erste Frage, die hier auftaucht, ist die nach den Werten dieser Funktion für verschiedene Argumente. Setzen wir einmal der Reihe nach für x –1, 0, 1, 2, so erhalten wir

$$(-1)^2 = 1,$$

$$0^2 = 1,$$

$$1^2 = 1,$$

$$2^2 = 1.$$

Von diesen Gleichungen sind die erste und dritte wahr, die anderen falsch. Ich sage nun: »der Wert unserer Funktion ist ein Wahrheitswert« und unterscheide den Wahrheitswert des Wahren von dem des Falschen. Den einen nenne ich kurz das Wahre, den andern das Falsche. Hiernach bedeutet z.B. »$2^2 = 4$« das Wahre ebenso, wie etwa »2^2« 4 bedeutet. Und es bedeutet »$2^2 = 1$« das Falsche. Demnach bedeuten

»$2^2 = 4$«, »$2 > 1$«, »$2^4 = 4^2$«

dasselbe, nämlich das Wahre, so daß wir in

$$(2^2 = 4) = (2 > 1)$$

eine richtige Gleichung haben.

Es liegt hier der Einwand nahe, daß »$2^2 = 4$« und »$2 > 1$« doch ganz Verschiedenes besagen, ganz verschiedene Gedanken ausdrükken; aber auch »$2^4 = 4^2$« und »$4 \cdot 4 = 4^2$« drücken verschiedene Gedanken aus; und doch kann man »2^4« durch »$4 \cdot 4$« ersetzen, weil beide Zeichen dieselbe Bedeutung haben. Folglich haben auch
14 »$2^4 = 4^2$« und »$4 \cdot 4 = 4^2$« dieselbe Bedeutung. Man sieht hieraus, daß die Gleichheit der Bedeutung nicht die Gleichheit des Gedankens zur Folge hat. Wenn wir sagen »der Abendstern ist ein Planet, dessen Umlaufzeit kleiner ist als die der Erde«, so haben wir einen anderen Gedanken ausgedrückt als in dem Satze »der Morgenstern ist ein Planet, dessen Umlaufzeit kleiner ist als die der Erde«; denn, wer nicht weiß, daß der Morgenstern der Abendstern ist, könnte den einen für wahr, den andern für falsch halten; und doch muß die Bedeutung beider Sätze dieselbe sein, weil nur die Wörter »Abendstern« und »Morgenstern« miteinander vertauscht sind, welche dieselbe Bedeutung haben, d.h. Eigennamen desselben Himmelskörpers sind. Man muß Sinn und Bedeutung unterscheiden. »2^4« und »$4 \cdot 4$« haben zwar dieselbe Bedeutung; d.h. sie sind Eigennamen derselben Zahl; aber sie haben nicht denselben Sinn; und daher haben »$2^4 = 4^2$« und »$4 \cdot 4 = 4^2$« zwar dieselbe Bedeutung, aber nicht denselben Sinn; d.h. in diesem Falle: Sie enthalten nicht denselben Gedanken[6].

Mit demselben Rechte also, wie wir schreiben

»$2^4 = 4 \cdot 4$«,

können wir auch schreiben

[6] Ich verkenne nicht, daß diese Wendung zunächst willkürlich und künstlich erscheinen mag und daß eine eingehendere Begründung gefordert werden könnte. Man vergl. meinen nächstens erscheinenden Aufsatz über Sinn und Bedeutung in der Zeitschrift für Philosophie und phil. Kritik. [S. 23–46 dieser Ausgabe. Hrsg.]

»$(2^4 = 4^2) = (4 \cdot 4 = 4^2)$«

und

»$(2^2 = 4) = (2 > 1)$«.

15 Ferner könnte gefragt werden, zu welchem Zwecke denn die Zeichen =, >, < in den Kreis derer aufgenommen werden, die einen Funktionsausdruck bilden helfen. Es scheint jetzt die Meinung immer mehr Anhänger zu gewinnen, daß die Arithmetik weiter entwickelte Logik ist, daß eine strengere Begründung der arithmetischen Gesetze auf rein logische und nur auf solche zurückführt. Auch ich bin dieser Meinung und gründe darauf die Forderung, daß die arithmetische Zeichensprache zu einer logischen erweitert werden muß. Wie dies in unserem Falle geschieht, wird nun anzudeuten sein.

Wir sahen, daß der Wert unserer Funktion $x^2 = 1$ immer einer der beiden Wahrheitswerte ist. Wenn nun für ein bestimmtes Argument, z.B. –1, der Funktionswert das Wahre ist, so können wir das so ausdrücken: »die Zahl –1 hat die Eigenschaft, daß ihr Quadrat 1 ist«, oder kürzer: »–1 ist eine Quadratwurzel aus 1«, oder »–1 fällt unter den Begriff der Quadratwurzel aus 1«. Wenn der Wert der Funktion $x^2 = 1$ für ein Argument, z.B. 2, das Falsche ist, so werden wir das so ausdrücken können: »2 ist nicht Quadratwurzel aus 1« oder »2 fällt nicht unter den Begriff Quadratwurzel aus 1«. Wir sehen daraus, wie eng das, was in der Logik Begriff genannt wird, zusammenhängt mit dem, was wir Funktion nennen. Ja, man wird geradezu sagen können: Ein Begriff ist eine Funktion, deren Wert immer ein Wahrheitswert ist. Auch der Wert der Funktion

$$(x + 1)^2 = 2\,(x + 1)$$

16 ist immer ein Wahrheitswert. Wir erhalten das Wahre z.B. für das Argument –1 und werden dies auch so aussprechen können: –1 ist eine Zahl, die um 1 kleiner ist als eine Zahl, deren Quadrat ihrem Zweifachen gleich ist. Hiermit ist das Fallen der Zahl –1 unter einen Begriff ausgedrückt. Nun haben die Funktionen

$$x^2 = 1 \text{ und } (x + 1)^2 = 2\,(x + 1)$$

für dasselbe Argument immer denselben Wert, nämlich für –1 und +1 das Wahre, für alle anderen Argumente das Falsche. Nach dem früher Festgestellten werden wir also sagen, daß diese Funktionen denselben Wertverlauf haben, und dies so in Zeichen ausdrücken:

$$\grave{\varepsilon}\,(\varepsilon^2 = 1) = \grave{\alpha}\,([\alpha + 1]^2 = 2\,[\alpha + 1]).$$

In der Logik nennt man dies Gleichheit des Umfanges der Begriffe. Wir können demnach als Begriffsumfang den Wertverlauf einer Funktion bezeichnen, deren Wert für jedes Argument ein Wahrheitswert ist.

Wir werden bei den Gleichungen und Ungleichungen nicht stehen bleiben. Die sprachliche Form der Gleichungen ist ein Behauptungssatz. Ein solcher enthält als Sinn einen Gedanken – oder macht wenigstens Anspruch darauf, einen zu enthalten –; und dieser Gedanke ist im allgemeinen wahr oder falsch; d.h. er hat im allgemeinen einen Wahrheitswert, der ebenso als Bedeutung des Satzes aufzufassen ist, wie etwa die Zahl 4 die Bedeutung des Ausdruckes »2 + 2« ist, oder wie London die Bedeutung des Ausdruckes »Englands Hauptstadt« ist.

17 Behauptungssätze im allgemeinen kann man ebenso wie Gleichungen und Ungleichungen oder analytische Ausdrücke zerlegt denken in zwei Teile, von denen der eine in sich abgeschlossen, der andere ergänzungsbedürftig, ungesättigt ist. So kann man z.B. den Satz

»Caesar eroberte Gallien«

zerlegen in »Caesar« und »eroberte Gallien«. Der zweite Teil ist ungesättigt, führt eine leere Stelle mit sich, und erst dadurch, daß diese Stelle von einem Eigennamen ausgefüllt wird oder von einem Ausdrucke, der einen Eigennamen vertritt, kommt ein abgeschlossener Sinn zum Vorschein. Ich nenne auch hier die Bedeutung dieses ungesättigten Teiles Funktion. In diesem Falle ist das Argument Caesar.

Wir sehen, daß hier zugleich eine Erweiterung in der anderen Richtung vorgenommen ist, nämlich hinsichtlich dessen, was als Argument auftreten kann. Es sind nicht mehr bloß Zahlen zuzulassen, sondern Gegenstände überhaupt, wobei ich allerdings auch Personen zu den Gegenständen rechnen muß. Als mögliche Funktionswerte sind schon vorhin die beiden Wahrheitswerte eingeführt. Wir müssen weiter gehen und Gegenstände ohne Beschränkung als Funktionswerte zulassen. Um hierfür ein Beispiel zu haben, gehen wir etwa aus von dem Ausdrucke

»die Hauptstadt des deutschen Reichs«.

Dieser vertritt offenbar einen Eigennamen und bedeutet einen Gegenstand. Zerlegen wir ihn nun in die Teile

18 »die Hauptstadt des«

und »deutsches Reich«, wobei ich die Form des Genitivs zum ersten Teile rechne, so ist dieser ungesättigt, während der andere in sich abgeschlossen ist. Ich nenne also dem Früheren gemäß

»die Hauptstadt des *x*«

Ausdruck einer Funktion. Nehmen wir als ihr Argument das deutsche Reich, so erhalten wir als Funktionswert Berlin.

Wenn wir so Gegenstände ohne Einschränkung als Argumente und als Funktionswerte zugelassen haben, so fragt es sich nun, was hier Gegenstand genannt wird. Eine schulgemäße Definition halte ich für unmöglich, weil wir hier etwas haben, was wegen seiner Einfachheit eine logische Zerlegung nicht zuläßt. Es ist nur möglich, auf das hinzudeuten, was gemeint ist. Hier kann nur kurz gesagt werden: Gegenstand ist alles, was nicht Funktion ist, dessen Ausdruck also keine leere Stelle mit sich führt.

Ein Behauptungssatz enthält keine leere Stelle, und darum ist seine Bedeutung als Gegenstand anzusehen. Diese Bedeutung aber ist ein Wahrheitswert. Also sind die beiden Wahrheitswerte Gegenstände.

Wir haben vorhin Gleichungen zwischen Wertverläufen aufgestellt, z.B.

»$\acute{\varepsilon}(\varepsilon^2 - 4\varepsilon) = \acute{\alpha}(\alpha[\alpha - 4])$«.

Wir können dies zerlegen in »$\acute{\varepsilon}(\varepsilon^2 - 4\varepsilon)$« und »$(\ ) = \acute{\alpha}(\alpha[\alpha - 4])$«.

Dieser letzte Teil ist ergänzungsbedürftig, indem er links vom
19 Gleichheitszeichen eine leere Stelle mit sich führt. Der erste Teil »$\acute{\varepsilon}(\varepsilon^2 - 4\varepsilon)$« ist völlig in sich abgeschlossen, bedeutet also einen Gegenstand. Wertverläufe von Funktionen sind Gegenstände, während Funktionen selbst es nicht sind. Wir hatten auch $\acute{\varepsilon}(\varepsilon^2 = 1)$ Wertverlauf genannt, konnten es aber auch bezeichnen als Umfang des Begriffes Quadratwurzel aus 1. Auch Begriffsumfänge sind also Gegenstände, obwohl die Begriffe selbst es nicht sind.

Nachdem wir so den Umkreis dessen, was als Argument genommen werden darf, erweitert haben, müssen genauere Festsetzungen über die Bedeutungen der schon gebräuchlichen Zeichen getroffen werden. Solange man von den Gegenständen nur die ganzen Zahlen in der Arithmetik betrachtet, deuten die Buchstaben *a* und *b* in »$a + b$« nur ganze Zahlen an, braucht das Pluszeichen nur zwischen ganzen Zahlen erklärt zu werden. Jede Erweiterung des Umkreises der Gegenstände, die durch »*a*« und »*b*« angedeutet werden, nötigt zu einer neuen Erklärung des Pluszeichens. Vorkehrungen zu treffen, daß nie ein Ausdruck bedeutungslos werden könne, daß man nie, ohne es zu merken, mit leeren Zeichen rechne in der Meinung, mit Gegenständen zu tun zu haben, erscheint als Gebot der wissenschaftlichen Strenge. Man hat früher mit divergenten unendlichen Reihen üble Erfahrungen gemacht. Es ist also nötig, Festsetzungen zu machen, aus denen hervorgeht, was z.B.

»$\odot + 1$«

bedeutet, wenn »$\odot$« die Sonne bedeuten soll. Wie diese Festsetzun-
20 gen geschehen, ist verhältnismäßig gleichgültig; wesentlich ist aber, daß sie gemacht werden, daß »$a + b$« immer eine Bedeutung erhalte, welche Zeichen bestimmter Gegenstände auch für »a« und »b« eingesetzt werden mögen. Für die Begriffe haben wir hierin die Forderung, daß sie für jedes Argument einen Wahrheitswert als Wert haben, daß für jeden Gegenstand bestimmt sei, ob er unter den Begriff falle oder nicht; mit anderen Worten: wir haben für Begriffe die Forderung ihrer scharfen Begrenzung, ohne deren Erfüllung es unmöglich wäre, logische Gesetze von ihnen aufzustellen. Für jedes Argument x, für das »$x + 1$« bedeutungslos wäre, hätte auch die Funktion $\mathrm{x} + 1 = 10$ keinen Wert, also auch keinen Wahrheitswert, so daß der Begriff,

was um 1 vermehrt 10 ergibt,

keine scharfe Grenze hätte. Die Forderung der scharfen Begrenzung der Begriffe zieht also die für Funktionen im allgemeinen nach sich, daß sie für jedes Argument einen Wert haben müssen.

Wir haben die Wahrheitswerte bisher nur als Funktionswerte, nicht als Argumente betrachtet. Nach dem eben Gesagten muß eine Funktion auch dann einen Wert erhalten, wenn als Argument ein Wahrheitswert genommen wird; aber eine Festsetzung zu dem Zwekke mag bei den schon üblichen Zeichen meist nur geschehen, damit sie geschehe, ohne daß dabei sehr in Betracht kommt, was bestimmt wird. Es mögen nun aber einige Funktionen betrachtet werden, an denen uns grade dann gelegen ist, wenn ihr Argument ein Wahrheitswert ist.

21 Ich führe als solche ein

$— x$,

indem ich festsetze, daß der Wert dieser Funktion das Wahre sein soll, wenn als Argument das Wahre genommen wird, daß hingegen in allen anderen Fällen der Wert dieser Funktion das Falsche ist; also sowohl dann, wenn das Argument das Falsche ist, als auch dann, wenn es kein Wahrheitswert ist. Danach ist z.B.

— 1 + 3 = 4

das Wahre, während sowohl

— 1 + 3 = 5

als auch

— 4

das Falsche ist. Diese Funktion hat also als Wert das Argument selbst, wenn dieses ein Wahrheitswert ist. Ich habe diesen waagerechten Strich früher Inhaltsstrich genannt, ein Name, der nun nicht mehr passend scheint. Ich will ihn jetzt einfach den Waagerechten nennen.

Wenn man eine Gleichung oder Ungleichung hinschreibt, z.B. 5 > 4, will man gewöhnlich damit zugleich ein Urteil ausdrücken; man will in unserem Falle behaupten, 5 sei größer als 4. Nach der von mir hier dargelegten Auffassung hat man in »5 > 4« oder »1 + 3 = 5« nur Ausdrücke von Wahrheitswerten, ohne daß damit etwas behauptet werden soll. Diese Trennung des Urteilens von dem, worüber geurteilt wird, erscheint unumgänglich, weil sonst eine
22 bloße Annahme, das Setzen eines Falles, ohne gleich über sein Eintreten zu urteilen, nicht ausdrückbar wäre. Wir bedürfen also eines besonderen Zeichens, um etwas behaupten zu können. Ich bediene mich hierzu eines senkrechten Striches am linken Ende des Waagerechten, so daß wir z.B. mit

»⊢ 2 + 3 = 5«

behaupten: 2 + 3 ist gleich 5. Es wird also nicht bloß wie in

»2 + 3 = 5«

ein Wahrheitswert hingeschrieben, sondern zugleich auch gesagt, daß er das Wahre sei[7].

Die nächst einfache Funktion mag die sein, deren Wert gerade für die Argumente das Falsche ist, für welche der Wert von — *x* das Wahre ist, und deren Wert umgekehrt für die Argumente das Wahre ist, für welche der Wert von — *x* das Falsche ist. Ich bezeichne sie so

[7] Der Urteilsstrich kann nicht zur Bildung eines Funktionsausdrucks gebraucht werden, weil er nicht mit anderen Zeichen zusammen zur Bezeichnung eines Gegenstandes dient. »⊢2 + 3 = 5« bezeichnet nichts, sondern behauptet etwas.

$$\top x,$$

wobei ich den kleinen senkrechten Strich Verneinungsstrich nenne. Ich fasse diese Funktion auf als eine Funktion mit dem Argumente $— x$:

$$(\top x) = (\top [— x]),$$

indem ich die beiden waagerechten Striche verschmolzen denke. Es ist aber auch

$$(— [\top x]) = (\top x),$$

23 weil der Wert von $\top x$ immer ein Wahrheitswert ist. Ich fasse also in »$\top x$« die beiden Strichteile rechts und links vom Verneinungsstriche als Waagerechte auf in dem vorhin erklärten besonderen Sinne des Wortes. Es bedeutet demnach z.B.

$$»\top 2^2 = 5«$$

das Wahre, und wir können den Urteilsstrich anbringen:

$$\vdash\!\!\top 2^2 = 5;$$

und damit behaupten wir, daß $2^2 = 5$ nicht das Wahre ist oder daß 2^2 nicht 5 ist. Es ist aber auch

$$\top 2$$

das Wahre, weil — 2 das Falsche ist:

$$\vdash\!\!\top 2;$$

d.h. 2 ist nicht das Wahre.

Wie ich die Allgemeinheit darstelle, wird an einem Beispiele am besten zu erkennen sein. Es solle ausgedrückt werden, daß jeder Gegenstand sich selbst gleich ist. Wir haben in

$$x = x$$

eine Funktion, deren Argument durch »x« angedeutet ist. Es soll nun gesagt werden, daß der Wert dieser Funktion immer das Wahre ist, was man auch als Argument nehmen möge. Ich verstehe nun unter

$$»—\overset{\mathfrak{a}}{\smile}— f(\mathfrak{a})«$$

das Wahre, wenn die Funktion $f(x)$ als Wert immer das Wahre hat, was auch ihr Argument sein möge; in allen anderen Fällen soll

24 »$-\!\overset{\mathfrak{a}}{\smile}\!-\, f(\mathfrak{a})$«

das Falsche bedeuten. Für unsere Funktion $x = x$ haben wir nun den ersten Fall. Es ist also

$$-\!\overset{\mathfrak{a}}{\smile}\!-\, \mathfrak{a} = \mathfrak{a}$$

das Wahre; und wir schreiben dies so:

$$\vdash\!\overset{\mathfrak{a}}{\smile}\!-\, \mathfrak{a} = \mathfrak{a}.$$

Die waagerechten Striche rechts und links von der Höhlung sind als Waagerechte in unserem Sinne aufzufassen. Statt »a« könnte irgendein anderer deutscher Buchstabe gewählt werden mit Ausnahme derjenigen, die wie $\mathfrak{f}$, $\mathfrak{F}$ als Funktionsbuchstaben dienen sollen.

Diese Bezeichnungsart gewährt die Möglichkeit, die Allgemeinheit zu verneinen wie in

$$\top\!\overset{\mathfrak{a}}{\smile}\!-\, \mathfrak{a}^2 = 1.$$

Es ist nämlich $-\!\overset{\mathfrak{a}}{\smile}\!-\, \mathfrak{a}^2 = 1$ das Falsche, weil nicht für jedes Argument der Wert der Funktion $x^2 = 1$ das Wahre ist. Wir erhalten nämlich z.B. für das Argument 2 $2^2 = 1$; das ist das Falsche. Ist nun $-\!\overset{\mathfrak{a}}{\smile}\!-\, \mathfrak{a}^2 = 1$ das Falsche, so ist $\top\!\overset{\mathfrak{a}}{\smile}\!-\, \mathfrak{a}^2 = 1$ das Wahre nach dem, was über den Verneinungsstrich oben festgestellt ist. Wir haben also

$$\vdash\!\!\top\!\overset{\mathfrak{a}}{\smile}\!-\, \mathfrak{a}^2 = 1;$$

d.h. »nicht jeder Gegenstand ist Quadratwurzel aus 1«, oder »es gibt Gegenstände, die nicht Quadratwurzeln aus 1 sind«. Kann man
25 auch ausdrücken, daß es Quadratwurzeln aus 1 gebe? Gewiß! Man braucht nur statt der Funktion $x^2 = 1$ die Funktion

$$\top\, x^2 = 1$$

zu nehmen. Aus

»$-\!\overset{\mathfrak{a}}{\smile}\!-\quad \top\, \mathfrak{a}^2 = 1$«

entsteht durch Verschmelzung der Waagerechten

»$-\!\overset{\mathfrak{a}}{\smile}\!-\!\!\top\, \mathfrak{a}^2 = 1$«.

Dies bedeutet das Falsche, weil nicht für jedes Argument der Wert der Funktion

$$\top\, x^2 = 1$$

das Wahre ist. Es ist z.B.

$$\top\, 1^2 = 1$$

das Falsche, weil $1^2 = 1$ das Wahre ist. Da nun also

$$-\overset{\mathfrak{a}}{\smile}\!\!-\!\!\top\, \mathfrak{a}^2 = 1$$

das Falsche ist, so ist

$$\top\!\overset{\mathfrak{a}}{\smile}\!\!-\!\!\top\, \mathfrak{a}^2 = 1$$

das Wahre:

$$\vdash\!\!\top\!\overset{\mathfrak{a}}{\smile}\!\!-\!\!\top\, \mathfrak{a}^2 = 1;$$

d.h. »nicht für jedes Argument wird der Wert der Funktion

$$\top\, x^2 = 1$$

das Wahre«, oder »nicht für jedes Argument wird der Wert der Funktion $x^2 = 1$ das Falsche«, oder »es gibt mindestens eine Quadratwurzel aus 1«.

Es mögen hier noch einige Beispiele in Zeichen und Worten folgen:

$$\vdash\!\!\top\!\overset{\mathfrak{a}}{\smile}\!\!-\!\!\top\, \mathfrak{a} \geqq 0$$

es gibt mindestens eine positive Zahl;

26 $$\vdash\!\!\top\!\overset{\mathfrak{a}}{\smile}\!\!-\!\!\top\, \mathfrak{a}^2 < 0$$

es gibt mindestens eine negative Zahl;

$$\vdash\!\!\top\!\overset{\mathfrak{a}}{\smile}\!\!-\!\!\top\, \mathfrak{a}^3 - 3\mathfrak{a}^2 + 2\mathfrak{a} = 0$$

es gibt mindestens eine Wurzel der Gleichung

$$x^3 - 3\,x^2 + 2\,x = 0.$$

Hieraus ist zu sehen, wie die wichtigen Existentialsätze auszudrücken sind. Deuten wir einen Begriff unbestimmt mit dem Funktionsbuchstaben f an, so haben wir in

$$\top\!\overset{\mathfrak{a}}{\smile}\!\!-\!\!\top\, f(\mathfrak{a})$$

die Form, in der die letzten Beispiele, abgesehen vom Urteilsstriche, enthalten sind. Die Ausdrücke

»$\top\!\overset{\mathfrak{a}}{\smile}\!\!-\!\!\top\, \mathfrak{a}^2 = 1$«, »$\top\!\overset{\mathfrak{a}}{\smile}\!\!-\!\!\top\, \mathfrak{a} \geqq 0$«, »$\top\!\overset{\mathfrak{a}}{\smile}\!\!-\!\!\top\, \mathfrak{a} < 0$«,
»$\top\!\overset{\mathfrak{a}}{\smile}\!\!-\!\!\top\, \mathfrak{a}^3 - 3\mathfrak{a} + 2\mathfrak{a} = 0$«

gehen aus dieser Form in ähnlicher Weise hervor, wie z.B. aus x^2 hervorgehen »1^2«, »2^2«, »3^2«.

Wie wir nun in x^2 eine Funktion haben, deren Argument durch »*x*« angedeutet ist, so fasse ich auch

»$\top\!\overset{\mathfrak{a}}{\smile}\!\!-\!\!\top\; f(\mathfrak{a})$«

als Ausdruck einer Funktion auf, deren Argument durch »*f*« angedeutet wird. Eine solche Funktion ist offenbar grundverschieden von den bisher betrachteten; denn als ihr Argument kann nur eine Funktion auftreten. Wie nun Funktionen von Gegenständen grundverschieden sind, so sind auch Funktionen, deren Argumente Funktionen sind und sein müssen, grundverschieden von Funktionen,
27 deren Argumente Gegenstände sind und nichts anderes sein können. Diese nenne ich Funktionen erster, jene Funktionen zweiter Stufe. Ebenso unterscheide ich Begriffe erster und zweiter Stufe[8]. Funktionen zweiter Stufe hat man eigentlich in der Analysis längst gehabt, z.B. in den bestimmten Integralen, sofern man die zu integrierende Funktion als Argument betrachtet.

Es mag noch etwas über Funktionen mit zwei Argumenten hinzugefügt werden. Wir erhielten den Ausdruck einer Funktion, indem wir das zusammengesetzte Zeichen eines Gegenstandes zerlegten in einen gesättigten und einen ungesättigten Teil. Wir zerlegen so z.B. das Zeichen

»$3 > 2$«

des Wahren in »3« und »$x > 2$«. Wir können den ungesättigten Teil »$x > 2$« weiter in derselben Weise zerlegen in »2« und

»$x > y$«,

wo nun »*y*« die leere Stelle kenntlich macht, welche vorher durch »2« ausgefüllt war. Wir haben in

$x > y$

eine Funktion mit zwei Argumenten, deren eines durch »*x*«, deren anderes durch »*y*« angedeutet ist, und in

$3 > 2$

28 haben wir den Wert dieser Funktion für die Argumente 3 und 2.

[8] Vergl. meine Grundlagen der Arithmetik (Breslau 1884) § 53 am Ende, wo ich statt »zweiter Stufe« »zweiter Ordnung« gesagt habe. Der ontologische Beweis für das Dasein Gottes leidet an dem Fehler, daß er die Existenz wie einen Begriff erster Stufe behandelt.

Wir haben hier eine Funktion, deren Wert stets ein Wahrheitswert ist. Solche Funktionen mit einem Argumente haben wir Begriffe genannt; solche mit zwei Argumenten nennen wir Beziehungen. Beziehungen haben wir z.B. auch in

$$x^2 + y^2 = 9$$

und in

$$x^2 + y^2 > 9,$$

während die Funktion

$$x^2 + y^2$$

als Werte Zahlen hat. Wir werden sie also nicht Beziehung nennen.

Es mag hier eine nicht der Arithmetik eigentümliche Funktion angeführt werden. Der Wert der Funktion

$$\begin{array}{l} \top\!\!\!-\mathrm{x} \\ \llcorner\!-\mathrm{y} \end{array}$$

sei dann das Falsche, wenn als *y*-Argument das Wahre und zugleich als *x*-Argument ein Gegenstand genommen wird, der nicht das Wahre ist; in allen anderen Fällen sei der Wert dieser Funktion das Wahre. Der untere waagerechte Strich und die beiden Teile, in die der obere durch den senkrechten zerlegt wird, sind als Waagerechte aufzufassen. Demzufolge kann man als Argumente unserer Funktion immer — *x* und — *y* ansehen, d.h. Wahrheitswerte.

Wir unterschieden unter den Funktionen mit einem Argumente solche erster und zweiter Stufe. Hier ist eine größere Mannigfaltigkeit
29 möglich. Eine Funktion mit zwei Argumenten kann in Beziehung auf diese von derselben oder von verschiedenen Stufen sein: gleichstufige, ungleichstufige Funktionen. Die bisher betrachteten waren gleichstufige. Eine ungleichstufige Funktion ist z.B. der Differentialquotient, wenn als Argumente genommen werden die zu differenzierende Funktion und das Argument, für welches differenziert wird, oder das bestimmte Integral, sofern als Argumente die zu integrierende Funktion und die obere Grenze genommen werden. Die gleichstufigen Funktionen können wieder in solche erster und zweiter Stufe eingeteilt werden. Eine solche zweiter Stufe ist z.B.

$$F(f[1]),$$

wo »*F*« und »*f*« die Argumente andeuten.

Man muß bei den Funktionen zweiter Stufe mit einem Argumente unterscheiden, je nachdem als dies Argument eine Funktion mit einem oder eine solche mit zwei Argumenten erscheinen kann; denn eine Funktion mit einem Argumente ist so wesentlich verschieden von einer solchen mit zwei Argumenten, daß die eine nicht an eben der Stelle als Argument auftreten kann, wo die andere es kann. Einige Funktionen zweiter Stufe mit einem Argumente verlangen als solches eine Funktion mit einem Argumente, andere verlangen eine Funktion mit zwei Argumenten, und diese beiden Klassen sind scharf geschieden.

$$\overset{\mathfrak{e}}{\smile}\overset{\mathfrak{d}}{\smile}\!\!\top\!\overset{\mathfrak{a}}{\smile}\!\top\, \mathfrak{d} = \mathfrak{a} \quad \llcorner f(\mathfrak{e}, \mathfrak{a}) \quad \llcorner f(\mathfrak{e}, \mathfrak{d})$$

30 ist ein Beispiel einer Funktion zweiter Stufe mit einem Argumente, die als solches eine Funktion mit zwei Argumenten verlangt. Der Buchstabe *f* deutet hierbei das Argument an, und die beiden durch das Komma getrennten Stellen in der auf »*f*« folgenden Klammer machen bemerklich, daß *f* eine Funktion mit zwei Argumenten vertritt [*].

Bei den Funktionen mit zwei Argumenten wird die Mannigfaltigkeit noch größer.

Wenn wir von hier auf die Entwicklung der Arithmetik zurückblicken, erkennen wir ein stufenweises Aufsteigen. Zuerst rechnete man mit einzelnen Zahlen, mit der 1, der 3 usw.

$$2 + 3 = 5, 2 \cdot 3 = 6$$

sind Lehrsätze dieser Art. Man schritt dann zu allgemeineren Gesetzen fort, die von allen Zahlen gelten. In der Bezeichnung entspricht dem der Übergang zur Buchstabenrechnung. In

$$(a \mid b) \cdot c = \mathrm{a} \cdot c + b \cdot c$$

haben wir einen Lehrsatz dieser Art. Damit war man bei der Betrachtung einzelner Funktionen angelangt, ohne noch das Wort im mathematischen Sinne zu gebrauchen und seine Bedeutung erfaßt zu haben. Die nächsthöhere Stufe war die Erkenntnis allgemeiner Gesetze von Funktionen und damit die Prägung des Kunstausdruckes

* [Diese Funktion definiert den Begriff der »eindeutigen Beziehung«, einer Beziehung, in der jeder Gegenstand e nur zu höchstens einem Gegenstand stehen kann. Vgl. Grundgesetze der Arithmetik 1, § 23. Hrsg.]

»Funktion«. In der Bezeichnung entspricht dem die Einführung von Buchstaben wie *f*, *F* zur unbestimmten Andeutung von Funktionen. In

$$\frac{d\,f(x)\cdot F(x)}{dx} = F(x)\cdot\frac{d\,f(x)}{dx} + f(x)\,\frac{d\,F(x)}{dx}$$

31 haben wir einen Lehrsatz dieser Art. Damit hatte man nun einzelne Funktionen zweiter Stufe, ohne jedoch das zu erfassen, was wir Funktion zweiter Stufe genannt haben. Indem man dies tut, macht man den nächsten Fortschritt. Man könnte denken, daß dies so weiter ginge. Wahrscheinlich ist aber schon dieser letzte Schritt nicht so folgenreich wie die früheren, weil man statt der Funktionen zweiter Stufe im weiteren Fortgang Funktionen erster Stufe betrachten kann, wie an einem anderen Orte gezeigt werden soll [*]. Damit ist aber der Unterschied zwischen Funktionen erster und zweiter Stufe nicht aus der Welt geschafft, weil er nicht willkürlich gemacht, sondern in der Natur der Sache tief begründet ist.

Man kann auch statt der Funktionen mit zwei Argumenten Funktionen eines einzigen, aber komplexen Arguments betrachten, wobei jedoch der Unterschied zwischen den Funktionen mit einem und denen mit zwei Argumenten in ganzer Schärfe bestehen bleibt.

* (Vgl. Grundgesetze der Arithmetik I, §§ 25, 34–37. Hrsg.)

Über Sinn und Bedeutung

(Ztschr. f. Philos. u. philos. Kritik, NF 100, 1892, S. 25–50)

25 Die Gleichheit[1] fordert das Nachdenken heraus durch Fragen, die sich daran knüpfen und nicht ganz leicht zu beantworten sind. Ist sie eine Beziehung? eine Beziehung zwischen Gegenständen? oder zwischen Namen oder Zeichen für Gegenstände? Das letzte hatte ich in meiner Begriffsschrift angenommen. Die Gründe, die dafür zu sprechen scheinen, sind folgende: $a = a$ und $a = b$ sind offenbar Sätze von verschiedenem Erkenntniswert: $a = a$ gilt *a priori* und ist nach Kant analytisch zu nennen, während Sätze von der Form $a = b$ oft sehr wertvolle Erweiterungen unserer Erkenntnis enthalten und *a priori* nicht immer zu begründen sind. Die Entdeckung, daß nicht jeden Morgen eine neue Sonne aufgeht, sondern immer dieselbe, ist wohl eine der folgenreichsten in der Astronomie gewesen. Noch jetzt ist die Wiedererkennung eines kleinen Planeten oder eines
26 Kometen nicht immer etwas Selbstverständliches. Wenn wir nun in der Gleichheit eine Beziehung zwischen dem sehen wollten, was die Namen »a« und »b« bedeuten, so schiene $a = b$ von $a = a$ nicht verschieden sein zu können, falls nämlich $a = b$ wahr ist. Es wäre hiermit eine Beziehung eines Dinges zu sich selbst ausgedrückt, und zwar eine solche, in der jedes Ding mit sich selbst, aber kein Ding mit einem anderen steht. Was man mit $a = b$ sagen will, scheint zu sein, daß die Zeichen oder Namen »a« und »b« dasselbe bedeuten, und dann wäre eben von jenen Zeichen die Rede; es würde eine Beziehung zwischen ihnen behauptet. Aber diese Beziehung bestände zwischen den Namen oder Zeichen nur, insofern sie etwas benennen oder bezeichnen. Sie wäre eine vermittelte durch die Verknüpfung jedes der beiden Zeichen mit demselben Bezeichneten. Diese aber ist willkürlich. Man kann keinem verbieten, irgendeinen willkürlich hervorzubringenden Vorgang oder Gegenstand zum Zeichen für irgend etwas anzunehmen. Damit würde dann ein Satz $a = b$ nicht mehr die Sache selbst, sondern nur noch unsere Bezeichnungsweise betreffen; wir würden keine eigentliche Erkenntnis darin ausdrücken. Das wollen wir aber doch gerade in vielen Fällen. Wenn sich das Zeichen »a« von dem Zeichen »b« nur als Gegenstand (hier durch die Gestalt) unterscheidet, nicht als Zeichen; das

[1] Ich brauche dies Wort im Sinne von Identität und verstehe »$a = b$« in dem Sinne von »a ist dasselbe wie b« oder a und b »fallen zusammen«.

soll heißen: nicht in der Weise, wie es etwas bezeichnet: so würde der Erkenntniswert von $a = a$ wesentlich gleich dem von $a = b$ sein, falls $a = b$ wahr ist. Eine Verschiedenheit kann nur dadurch zustande kommen, daß der Unterschied des Zeichens einem Unterschiede in der Art des Gegebenseins des Bezeichneten entspricht. Es seien a, b, c die Geraden, welche die Ecken eines Dreiecks mit den Mitten der Gegenseiten verbinden. Der Schnittpunkt von a und b ist dann derselbe wie der Schnittpunkt von b und c. Wir haben also verschiedene Bezeichnungen für denselben Punkt, und diese Namen (»Schnittpunkt von a und b«, »Schnittpunkt von b und c«) deuten zugleich auf die Art des Gegebenseins, und daher ist in dem Satze eine wirkliche Erkenntnis enthalten.

Es liegt nun nahe, mit einem Zeichen (Namen, Wortverbindung, Schriftzeichen) außer dem Bezeichneten, was die Bedeutung des Zeichens heißen möge, noch das verbunden zu denken, was ich den Sinn des Zeichens nennen möchte, worin die Art des Gegebenseins enthalten ist. Es würde danach in unserem Beispiele zwar
27 die Bedeutung der Ausdrücke »der Schnittpunkt von a und b« und »der Schnittpunkt von b und c« dieselbe sein, aber nicht ihr Sinn. Es würde die Bedeutung von »Abendstern« und »Morgenstern« dieselbe sein, aber nicht der Sinn.

Aus dem Zusammenhange geht hervor, daß ich hier unter »Zeichen« und »Namen« irgendeine Bezeichnung verstanden habe, die einen Eigennamen vertritt, deren Bedeutung also ein bestimmter Gegenstand ist (dies Wort im weitesten Umfange genommen), aber kein Begriff und keine Beziehung, auf die in einem anderen Aufsatze näher eingegangen werden soll [*]. Die Bezeichnung eines einzelnen Gegenstandes kann auch aus mehreren Worten oder sonstigen Zeichen bestehen. Der Kürze wegen mag jede solche Bezeichnung Eigenname genannt werden.

Der Sinn eines Eigennamens wird von jedem erfaßt, der die Sprache oder das Ganze von Bezeichnungen hinreichend kennt, der er angehört[2]; damit ist die Bedeutung aber, falls sie vorhanden ist, doch

* [Gemeint ist »Über Begriff und Gegenstand«, vgl. S. 47–60. Hrsg.]

[2] Bei einem eigentlichen Eigennamen wie »Aristoteles« können freilich die Meinungen über den Sinn auseinandergehen. Man könnte z.B. als solchen annehmen: der Schüler Platos und Lehrer Alexanders des Großen. Wer dies tut, wird mit dem Satze »Aristoteles war aus Stagira gebürtig« einen anderen Sinn verbinden als einer, der als Sinn dieses Namens annähme: der aus Stagira gebürtige Lehrer Alexanders des Großen. Solange nur die Bedeutung dieselbe bleibt, lassen sich diese Schwankungen des Sinnes ertragen, wiewohl auch sie in dem Lehrgebäude einer beweisenden Wis-

immer nur einseitig beleuchtet. Zu einer allseitigen Erkenntnis der Bedeutung würde gehören, daß wir von jedem gegebenen Sinne sogleich angeben könnten, ob er zu ihr gehöre. Dahin gelangen wir nie.

Die regelmäßige Verknüpfung zwischen dem Zeichen, dessen Sinn und dessen Bedeutung ist derart, daß dem Zeichen ein bestimmter Sinn und diesem wieder eine bestimmte Bedeutung entspricht, während zu einer Bedeutung (einem Gegenstande) nicht nur ein Zeichen zugehört. Derselbe Sinn hat in verschiedenen Sprachen, ja auch in derselben verschiedene Ausdrücke. Freilich kommen Ausnahmen von diesem regelmäßigen Verhalten vor. Gewiß sollte in einem vollkommenen Ganzen von Zeichen jedem Ausdrucke ein bestimmter Sinn entsprechen; aber die Volkssprachen
28 erfüllen diese Forderung vielfach nicht, und man muß zufrieden sein, wenn nur in demselben Zusammenhange dasselbe Wort immer denselben Sinn hat. Vielleicht kann man zugeben, daß ein grammatisch richtig gebildeter Ausdruck, der für einen Eigennamen steht, immer einen Sinn habe. Aber ob dem Sinne nun auch eine Bedeutung entspreche, ist damit nicht gesagt. Die Worte »der von der Erde am weitesten entfernte Himmelskörper« haben einen Sinn; ob sie aber auch eine Bedeutung haben, ist sehr zweifelhaft. Der Ausdruck »die am wenigsten konvergente Reihe« hat einen Sinn; aber man beweist, daß er keine Bedeutung hat, da man zu jeder konvergenten Reihe eine weniger konvergente, aber immer noch konvergente finden kann. Dadurch also, daß man einen Sinn auffaßt, hat man noch nicht mit Sicherheit eine Bedeutung.

Wenn man in der gewöhnlichen Weise Worte gebraucht, so ist das, wovon man sprechen will, deren Bedeutung. Es kann aber auch vorkommen, daß man von den Worten selbst oder von ihrem Sinne reden will. Jenes geschieht z.B., wenn man die Worte eines anderen in gerader Rede anführt. Die eigenen Worte bedeuten dann zunächst die Worte des anderen, und erst diese haben die gewöhnliche Bedeutung. Wir haben dann Zeichen von Zeichen. In der Schrift schließt man in diesem Falle die Wortbilder in Anführungszeichen ein. Es darf also ein in Anführungszeichen stehendes Wortbild nicht in der gewöhnlichen Bedeutung genommen werden.

Wenn man von dem Sinne eines Ausdrucks ›A‹ reden will, so kann man dies einfach durch die Wendung »der Sinn des Ausdrucks ›A‹«. In der ungeraden Rede spricht man von dem Sinne z.B. der

senschaft zu vermeiden sind und in einer vollkommenen Sprache nicht vorkommen dürften.

Rede eines anderen. Es ist daraus klar, daß auch in dieser Redeweise die Worte nicht ihre gewöhnliche Bedeutung haben, sondern das bedeuten, was gewöhnlich ihr Sinn ist. Um einen kurzen Ausdruck zu haben, wollen wir sagen: die Wörter werden in der ungeraden Rede *ungerade* gebraucht, oder haben ihre *ungerade* Bedeutung. Wir unterscheiden demnach die *gewöhnliche* Bedeutung eines Wortes von seiner *ungeraden* und seinen *gewöhnlichen* Sinn von seinem *ungeraden* Sinne. Die ungerade Bedeutung eines Wortes ist also sein gewöhnlicher Sinn. Solche Ausnahmen muß man immer im Auge behalten, wenn man die Verknüpfungsweise von Zeichen, Sinn und Bedeutung im einzelnen Falle richtig auffassen will.

29 Von der Bedeutung und dem Sinne eines Zeichens ist die mit ihm verknüpfte Vorstellung zu unterscheiden. Wenn die Bedeutung eines Zeichens ein sinnlich wahrnehmbarer Gegenstand ist, so ist meine Vorstellung davon ein aus Erinnerungen von Sinneseindrücken, die ich gehabt habe, und von Tätigkeiten, inneren sowohl wie äußeren, die ich ausgeübt habe, entstandenes inneres Bild[3]. Dieses ist oft mit Gefühlen getränkt; die Deutlichkeit seiner einzelnen Teile ist verschieden und schwankend. Nicht immer ist, auch bei demselben Menschen, dieselbe Vorstellung mit demselben Sinne verbunden. Die Vorstellung ist subjektiv: Die Vorstellung des einen ist nicht die des anderen. Damit sind von selbst mannigfache Unterschiede der mit demselben Sinne verknüpften Vorstellungen gegeben. Ein Maler, ein Reiter, ein Zoologe werden wahrscheinlich sehr verschiedene Vorstellungen mit dem Namen »Bucephalus« verbinden. Die Vorstellung unterscheidet sich dadurch wesentlich von dem Sinne eines Zeichens, welcher gemeinsames Eigentum von vielen sein kann und also nicht Teil oder Modus der Einzelseele ist; denn man wird wohl nicht leugnen können, daß die Menschheit einen gemeinsamen Schatz von Gedanken hat, den sie von einem Geschlechte auf das andere überträgt[4].

[3] Wir können mit den Vorstellungen gleich die Anschauungen zusammennehmen, bei denen die Sinneseindrücke und die Tätigkeiten selbst an die Stelle der Spuren treten, die sie in der Seele zurückgelassen haben. Der Unterschied ist für unseren Zweck unerheblich, zumal wohl immer neben den Empfindungen und Tätigkeiten Erinnerungen von solchen das Anschauungsbild vollenden helfen. Man kann unter Anschauung aber auch einen Gegenstand verstehen, sofern er sinnlich wahrnehmbar oder räumlich ist.

[4] Darum ist es unzweckmäßig, mit dem Worte »Vorstellung« so Grundverschiedenes zu bezeichnen.

Während es demnach keinem Bedenken unterliegt, von dem Sinne schlechtweg zu sprechen, muß man bei der Vorstellung genaugenommen hinzufügen, wem sie angehört und zu welcher Zeit. Man könnte vielleicht sagen: ebensogut, wie mit demselben Worte der eine diese, der andere jene Vorstellung verbindet, kann auch der eine diesen, der andere jenen Sinn damit verknüpfen. Doch besteht der Unterschied dann doch nur in der Weise dieser Verknüpfung. Das hindert nicht, daß beide denselben Sinn auffassen; aber diesel-
30 be Vorstellung können sie nicht haben. *Si duo idem faciunt, non est idem.* Wenn zwei sich dasselbe vorstellen, so hat jeder doch seine eigene Vorstellung. Es ist zwar zuweilen möglich, Unterschiede der Vorstellungen, ja der Empfindungen verschiedener Menschen festzustellen; aber eine genaue Vergleichung ist nicht möglich, weil wir diese Vorstellungen nicht in demselben Bewußtsein zusammen haben können.

Die Bedeutung eines Eigennamens ist der Gegenstand selbst, den wir damit bezeichnen; die Vorstellung, welche wir dabei haben, ist ganz subjektiv; dazwischen liegt der Sinn, der zwar nicht mehr subjektiv wie die Vorstellung, aber doch auch nicht der Gegenstand selbst ist. Folgendes Gleichnis ist vielleicht geeignet, diese Verhältnisse zu verdeutlichen. Jemand betrachtet den Mond durch ein Fernrohr. Ich vergleiche den Mond selbst mit der Bedeutung; er ist der Gegenstand der Beobachtung, die vermittelt wird durch das reelle Bild, welches vom Objektivglase im Innern des Fernrohrs entworfen wird, und durch das Netzhautbild des Betrachtenden. Jenes vergleiche ich mit dem Sinne, dieses mit der Vorstellung oder Anschauung. Das Bild im Fernrohre ist zwar nur einseitig; es ist abhängig vom Standorte; aber es ist doch objektiv, insofern es mehreren Beobachtern dienen kann. Es ließe sich allenfalls einrichten, daß gleichzeitig mehrere es benutzen. Von den Netzhautbildern aber würde jeder doch sein eigenes haben. Selbst eine geometrische Kongruenz würde wegen der verschiedenen Bildung der Augen kaum zu erreichen sein, ein wirkliches Zusammenfallen aber wäre ausgeschlossen. Dies Gleichnis ließe sich vielleicht noch weiter ausführen, indem man annähme, das Netzhautbild des A könnte dem B sichtbar gemacht werden; oder auch A selbst könnte in einem Spiegel sein eigenes Netzhautbild sehen. Hiermit wäre vielleicht zu zeigen, wie eine Vorstellung zwar selbst zum Gegenstande genommen werden kann, als solche aber doch dem Betrachter nicht das ist, was sie unmittelbar dem Vorstellenden ist. Doch würde, dies zu verfolgen, wohl zu weit abführen.

Wir können nun drei Stufen der Verschiedenheit von Wörtern,

Ausdrücken und ganzen Sätzen erkennen. Entweder betrifft der Unterschied höchstens die Vorstellungen, oder den Sinn aber nicht
31 die Bedeutung, oder endlich auch die Bedeutung. In bezug auf die erste Stufe ist zu bemerken, daß, wegen der unsicheren Verbindung der Vorstellungen mit den Worten, für den einen eine Verschiedenheit bestehen kann, die der andere nicht findet. Der Unterschied der Übersetzung von der Urschrift soll eigentlich die erste Stufe nicht überschreiten. Zu den hier noch möglichen Unterschieden gehören die Färbungen und Beleuchtungen, welche Dichtkunst [und] Beredsamkeit dem Sinne zu geben suchen. Diese Färbungen und Beleuchtungen sind nicht objektiv, sondern jeder Hörer und Leser muß sie sich selbst nach den Winken des Dichters oder Redners hinzuschaffen. Ohne eine Verwandtschaft des menschlichen Vorstellens wäre freilich die Kunst nicht möglich; wieweit aber den Absichten des Dichters entsprochen wird, kann nie genau ermittelt werden.

Von den Vorstellungen und Anschauungen soll im folgenden nicht mehr die Rede sein; sie sind hier nur erwähnt worden, damit die Vorstellung, die ein Wort bei einem Hörer erweckt, nicht mit dessen Sinne oder dessen Bedeutung verwechselt werde.

Um einen kurzen und genauen Ausdruck möglich zu machen, mögen folgende Redewendungen festgesetzt werden:

Ein Eigenname (Wort, Zeichen, Zeichenverbindung, Ausdruck) drückt aus seinen Sinn, bedeutet oder bezeichnet seine Bedeutung. Wir drücken mit einem Zeichen dessen Sinn aus und bezeichnen mit ihm dessen Bedeutung.

Von idealistischer und skeptischer Seite ist vielleicht schon längst eingewendet worden: »Du sprichst hier ohne weiteres von dem Monde als einem Gegenstande; aber woher weißt du, daß der Name ›der Mond‹ überhaupt eine Bedeutung hat, woher weißt du, daß überhaupt irgend etwas eine Bedeutung hat?« Ich antworte, daß es nicht unsere Absicht ist, von unserer Vorstellung des Mondes zu sprechen, und daß wir uns auch nicht mit dem Sinne begnügen, wenn wir ›der Mond‹ sagen; sondern wir setzen eine Bedeutung voraus. Es hieße, den Sinn geradezu verfehlen, wenn man annehmen wollte, in dem Satze »der Mond ist kleiner als die Erde« sei von einer Vorstellung des Mondes die Rede. Wollte der Sprechende dies, so würde er die Wendung »meine Vorstellung vom Monde« gebrauchen. Nun können wir uns in jener Voraussetzung freilich irren, und solche Irrtümer sind auch vorgekommen. Die Frage aber, ob
32 wir uns vielleicht immer darin irren, kann hier unbeantwortet bleiben; es genügt zunächst, auf unsere Absicht beim Sprechen oder

Denken hinzuweisen, um es zu rechtfertigen, von der Bedeutung eines Zeichens zu sprechen, wenn auch mit dem Vorbehalte: falls eine solche vorhanden ist.

Bisher sind Sinn und Bedeutung nur von solchen Ausdrücken, Wörtern, Zeichen betrachtet worden, welche wir Eigennamen genannt haben. Wir fragen nun nach Sinn und Bedeutung eines ganzen Behauptungssatzes. Ein solcher Satz enthält einen Gedanken[5]. Ist dieser Gedanke nun als dessen Sinn oder als dessen Bedeutung anzusehen? Nehmen wir einmal an, der Satz habe eine Bedeutung! Ersetzen wir nun in ihm ein Wort durch ein anderes von derselben Bedeutung, aber anderem Sinne, so kann dies auf die Bedeutung des Satzes keinen Einfluß haben. Nun sehen wir aber, daß der Gedanke sich in solchem Falle ändert; denn es ist z.B. der Gedanke des Satzes »der Morgenstern ist ein von der Sonne beleuchteter Körper« verschieden von dem des Satzes »der Abendstern ist ein von der Sonne beleuchteter Körper«. Jemand, der nicht wüßte, daß der Abendstern der Morgenstern ist, könnte den einen Gedanken für wahr, den anderen für falsch halten. Der Gedanke kann also nicht die Bedeutung des Satzes sein, vielmehr werden wir ihn als den Sinn aufzufassen haben. Wie ist es nun aber mit der Bedeutung? Dürfen wir überhaupt danach fragen? Hat vielleicht ein Satz als Ganzes nur einen Sinn, aber keine Bedeutung? Man wird jedenfalls erwarten können, daß solche Sätze vorkommen, ebensogut, wie es Satzteile gibt, die wohl einen Sinn, aber keine Bedeutung haben. Und Sätze, welche Eigennamen ohne Bedeutung enthalten, werden von der Art sein. Der Satz »Odysseus wurde tief schlafend in Ithaka ans Land gesetzt« hat offenbar einen Sinn. Da es aber zweifelhaft ist, ob der darin vorkommende Name »Odysseus« eine Bedeutung habe, so ist es damit auch zweifelhaft, ob der ganze Satz eine habe. Aber sicher ist doch, daß jemand, der im Ernste den Satz für wahr oder für falsch hält, auch dem Namen »Odysseus« eine Bedeutung zuer-
33 kennt, nicht nur einen Sinn; denn der Bedeutung dieses Namens wird ja das Prädikat zu- oder abgesprochen. Wer eine Bedeutung nicht anerkennt, der kann ihr ein Prädikat weder zu- noch absprechen. Nun wäre aber das Vordringen bis zur Bedeutung des Namens überflüssig; man könnte sich mit dem Sinne begnügen, wenn man beim Gedanken stehenbleiben wollte. Käme es nur auf den Sinn des Satzes, den Gedanken, an, so wäre es unnötig, sich um die

[5] Ich verstehe unter Gedanken nicht das subjektive Tun des Denkens, sondern dessen objektiven Inhalt, der fähig ist, gemeinsames Eigentum von vielen zu sein.

Bedeutung eines Satzteils zu kümmern; für den Sinn des Satzes kann ja nur der Sinn, nicht die Bedeutung dieses Teiles in Betracht kommen. Der Gedanke bleibt derselbe, ob der Name »Odysseus« eine Bedeutung hat oder nicht. Daß wir uns überhaupt um die Bedeutung eines Satzteils bemühen, ist ein Zeichen dafür, daß wir auch für den Satz selbst eine Bedeutung im allgemeinen anerkennen und fordern. Der Gedanke verliert für uns an Wert, sobald wir erkennen, daß zu einem seiner Teile die Bedeutung fehlt. Wir sind also wohl berechtigt, uns nicht mit dem Sinne eines Satzes zu begnügen, sondern auch nach seiner Bedeutung zu fragen. Warum wollen wir denn aber, daß jeder Eigenname nicht nur einen Sinn, sondern auch eine Bedeutung habe? Warum genügt uns der Gedanke nicht? Weil und soweit es uns auf seinen Wahrheitswert ankommt. Nicht immer ist dies der Fall. Beim Anhören eines Epos z.B. fesseln uns neben dem Wohlklange der Sprache allein der Sinn der Sätze und die davon erweckten Vorstellungen und Gefühle. Mit der Frage nach der Wahrheit würden wir den Kunstgenuß verlassen und uns einer wissenschaftlichen Betrachtung zuwenden. Daher ist es uns auch gleichgültig, ob der Name »Odysseus« z.B. eine Bedeutung habe, solange wir das Gedicht als Kunstwerk aufnehmen[6]. Das Streben nach Wahrheit also ist es, was uns überall vom Sinn zur Bedeutung vorzudringen treibt.

Wir haben gesehen, daß zu einem Satze immer dann eine Bedeutung zu suchen ist, wenn es auf die Bedeutung der Bestandteile ankommt; und das ist immer dann und nur dann der Fall, wenn wir nach dem Wahrheitswerte fragen.

34 So werden wir dahin gedrängt, den *Wahrheitswert* eines Satzes als seine Bedeutung anzuerkennen. Ich verstehe unter dem Wahrheitswerte eines Satzes den Umstand, daß er wahr oder daß er falsch ist. Weitere Wahrheitswerte gibt es nicht. Ich nenne der Kürze halber den einen das Wahre, den anderen das Falsche. Jeder Behauptungssatz, in dem es auf die Bedeutung der Wörter ankommt, ist also als Eigenname aufzufassen, und zwar ist seine Bedeutung, falls sie vorhanden ist, entweder das Wahre oder das Falsche. Diese beiden Gegenstände werden von jedem, wenn auch nur stillschweigend, anerkannt, der überhaupt urteilt, der etwas für wahr hält, also auch

[6] Es wäre wünschenswert, für Zeichen, die nur einen Sinn haben sollen, einen besonderen Ausdruck zu haben. Nennen wir solche etwa Bilder, so würden die Worte des Schauspielers auf der Bühne Bilder sein, ja der Schauspieler selber wäre ein Bild.

vom Skeptiker. Die Bezeichnung der Wahrheitswerte als Gegenstände mag hier noch als willkürlicher Einfall und vielleicht als bloßes Spiel mit Worten erscheinen, aus dem man keine tiefgehenden Folgerungen ziehen dürfe. Was ich einen Gegenstand nenne, kann genauer nur im Zusammenhange mit Begriff und Beziehung erörtert werden. Das will ich einem anderen Aufsatze vorbehalten[*]. Aber soviel möchte doch schon hier klar sein, daß in jedem Urteile[7] – und sei es noch so selbstverständlich – schon der Schritt von der Stufe der Gedanken zur Stufe der Bedeutungen (des Objektiven) geschehen ist.

Man könnte versucht sein, das Verhältnis des Gedankens zum Wahren nicht als das des Sinnes zur Bedeutung, sondern als das des Subjekts zum Prädikate anzusehen. Man kann ja geradezu sagen: »Der Gedanke, daß 5 eine Primzahl ist, ist wahr.« Wenn man aber genauer zusieht, so bemerkt man, daß damit eigentlich nicht mehr gesagt ist als in dem einfachen Satz »5 ist eine Primzahl«. Die Behauptung der Wahrheit liegt in beiden Fällen in der Form des Behauptungssatzes, und da, wo diese nicht ihre gewöhnliche Kraft hat, z.B. im Munde eines Schauspielers auf der Bühne, enthält der Satz »der Gedanke, daß 5 eine Primzahl ist, ist wahr« eben auch nur einen Gedanken, und zwar denselben Gedanken wie das einfache »5 ist eine Primzahl«. Daraus ist zu entnehmen, daß das Verhältnis des Gedankens zum Wahren doch mit dem des Subjekts zum Prädikate nicht verglichen werden darf. Subjekt und Prädikat sind ja (im logischen Sinne verstanden) Gedankenteile; sie stehen auf derselben Stufe für das Erkennen. Man gelangt durch die Zusammenfügung von Subjekt und Prädikat immer nur zu einem Gedanken, nie von einem Sinne zu dessen Bedeutung, nie von einem Gedanken zu dessen Wahrheitswerte. Man bewegt sich auf derselben Stufe, aber man schreitet nicht von einer Stufe zur nächsten vor. Ein Wahrheitswert kann nicht Teil eines Gedankens sein, sowenig wie etwa die Sonne, weil er kein Sinn ist, sondern ein Gegenstand.

Wenn unsere Vermutung richtig ist, daß die Bedeutung eines Satzes sein Wahrheitswert ist, so muß dieser unverändert bleiben, wenn ein Satzteil durch einen Ausdruck von derselben Bedeutung, aber anderem Sinne ersetzt wird. Und das ist in der Tat der Fall. *Leibniz* erklärt geradezu: »Eadem sunt, quae sibi mutuo substitui

* [Vgl. Anm. S. 24. Hrsg.]

7 Ein Urteil ist mir nicht das bloße Fassen eines Gedankens, sondern die Anerkennung seiner Wahrheit.

possunt, salva veritate«[*]. Was sonst als der Wahrheitswert könnte auch gefunden werden, das ganz allgemein zu jedem Satze gehört, bei dem überhaupt die Bedeutung der Bestandteile in Betracht kommt, was bei einer Ersetzung der angegebenen Art unverändert bliebe?

Wenn nun der Wahrheitswert eines Satzes dessen Bedeutung ist, so haben einerseits alle wahren Sätze dieselbe Bedeutung, andererseits alle falschen. Wir sehen daraus, daß in der Bedeutung des Satzes alles einzelne verwischt ist. Es kann uns also niemals auf die Bedeutung eines Satzes allein ankommen; aber auch der bloße Gedanke gibt keine Erkenntnis, sondern erst der Gedanke zusammen mit seiner Bedeutung, d.h. seinem Wahrheitswerte. Urteilen kann als Fortschreiten von einem Gedanken zu seinem Wahrheitswerte gefaßt werden. Freilich soll dies keine Definition sein. Das Urteilen ist eben etwas ganz Eigenartiges und Unvergleichliches. Man könnte auch sagen, Urteilen sei Unterscheiden von Teilen innerhalb des Wahrheitswertes. Diese Unterscheidung geschieht durch Rückgang zum Gedanken. Jeder Sinn, der zu einem Wahrheitswerte gehört, würde einer eigenen Weise der Zerlegung entsprechen. Das Wort »Teil« habe ich hier allerdings in besonderer Weise gebraucht. Ich habe nämlich das Verhältnis des Ganzen und des Teils vom Satze auf seine Bedeutung übertragen, indem ich die Bedeutung eines Wortes Teil der Bedeutung des Satzes genannt habe, wenn das Wort
36 selbst Teil dieses Satzes ist, eine Redeweise, die freilich anfechtbar ist, weil bei der Bedeutung durch das Ganze und einen Teil der andere nicht bestimmt ist, und weil man bei Körpern das Wort Teil schon in anderem Sinne gebraucht. Es müßte ein eigener Ausdruck hierfür geschaffen werden.

Es soll nun die Vermutung, daß der Wahrheitswert eines Satzes dessen Bedeutung ist, weiter geprüft werden. Wir haben gefunden, daß der Wahrheitswert eines Satzes unberührt bleibt, wenn wir darin einen Ausdruck durch einen gleichbedeutenden ersetzen: Wir haben aber dabei den Fall noch nicht betrachtet, daß der zu ersetzende Ausdruck selber ein Satz ist. Wenn nun unsere Ansicht richtig ist, so muß der Wahrheitswert eines Satzes, der einen anderen als Teil enthält, unverändert bleiben, wenn wir für den Teilsatz einen anderen einsetzen, dessen Wahrheitswert derselbe ist. Ausnahmen

* [Diese Formulierung ist nicht belegt. Eine andere Version zitiert F. in den »Grundlagen der Arithmetik« S. 76. Wie oben, nur mit »ubique« statt »mutuo«, definiert Leibniz in einem bei *Couturat* (Opuscules et Fragments ... de L., S. 264) gedruckten Fragment. Hrsg.]

sind dann zu erwarten, wenn das Ganze oder der Teilsatz gerade oder ungerade Rede sind; denn, wie wir gesehen haben, ist die Bedeutung der Worte dann nicht die gewöhnliche. Ein Satz bedeutet in der geraden Rede wieder einen Satz und in der ungeraden einen Gedanken.

Wir werden so auf die Betrachtung der Nebensätze hingelenkt. Diese treten ja als Teile eines Satzgefüges auf, das vom logischen Gesichtspunkte aus gleichfalls als Satz, und zwar als Hauptsatz, erscheint. Aber es tritt uns hier die Frage entgegen, ob denn von den Nebensätzen gleichfalls gilt, daß ihre Bedeutung ein Wahrheitswert sei. Von der ungeraden Rede wissen wir ja schon das Gegenteil. Die Grammatiker sehen die Nebensätze als Vertreter von Satzteilen an und teilen sie danach ein in Nennsätze, Beisätze, Adverbsätze. Daraus könnte man die Vermutung schöpfen, daß die Bedeutung eines Nebensatzes nicht ein Wahrheitswert, sondern gleichartig sei der eines Nennworts oder Beiworts oder Adverbs, kurz eines Satzteils, der als Sinn keinen Gedanken, sondern nur einen Teil eines solchen hat. Nur eine eingehendere Untersuchung kann darüber Klarheit verschaffen. Wir werden uns dabei nicht streng an den grammatischen Leitfaden halten, sondern das zusammenfassen, was logisch gleichartig ist. Suchen wir zunächst solche Fälle auf, in denen der Sinn des Nebensatzes, wie wir eben vermuteten, kein selbständiger Gedanke ist.

37 Zu den mit »daß« eingeleiteten abstrakten Nennsätzen gehört auch die ungerade Rede, von der wir gesehen haben, daß in ihr die Wörter ihre ungerade Bedeutung haben, welche mit dem übereinstimmt, was gewöhnlich ihr Sinn ist. In diesem Falle hat also der Nebensatz als Bedeutung einen Gedanken, keinen Wahrheitswert; als Sinn keinen Gedanken, sondern den Sinn der Worte »der Gedanke, daß ...«, welcher nur Teil des Gedankens des ganzen Satzgefüges ist. Dies kommt vor nach »sagen«, »hören«, »meinen«, »überzeugt sein«, »schließen« und ähnlichen Wörtern[8]. Anders, und zwar ziemlich verwickelt, liegt die Sache nach Wörtern wie »erkennen«, »wissen«, »wähnen«, was später zu betrachten sein wird.

Daß in unseren Fällen die Bedeutung des Nebensatzes in der Tat der Gedanke ist, sieht man auch daran, daß es für die Wahrheit des Ganzen gleichgültig ist, ob jener Gedanke wahr ist oder falsch. Man vergleiche z.B. die beiden Sätze: »Kopernikus glaubte, daß die Bah-

[8] In »A log, daß er den B gesehen habe« bedeutet der Nebensatz einen Gedanken, von dem erstens gesagt wird, daß A ihn als wahr behauptete, und zweitens, daß A von seiner Falschheit überzeugt war.

nen der Planeten Kreise seien« und »Kopernikus glaubte, daß der Schein der Sonnenbewegung durch die wirkliche Bewegung der Erde hervorgebracht werde«. Man kann hier unbeschadet der Wahrheit den einen Nebensatz für den anderen einsetzen. Der Hauptsatz zusammen mit dem Nebensatze hat als Sinn nur einen einzigen Gedanken, und die Wahrheit des Ganzen schließt weder die Wahrheit noch die Unwahrheit des Nebensatzes ein. In diesen Fällen ist es nicht erlaubt, in dem Nebensatze einen Ausdruck durch einen anderen zu ersetzen, der dieselbe gewöhnliche Bedeutung hat, sondern nur durch einen solchen, welcher dieselbe ungerade Bedeutung, d.h. denselben gewöhnlichen Sinn hat. Wenn jemand schließen wollte: die Bedeutung eines Satzes ist nicht sein Wahrheitswert, »denn dann dürfte man ihn überall durch einen anderen von demselben Wahrheitswerte ersetzen«, so würde er zuviel beweisen; ebensogut könnte man behaupten, daß die Bedeutung des Wortes »Morgenstern« nicht die Venus sei; denn man dürfe nicht überall für »Morgenstern« »Venus« sagen. Mit Recht kann man nur folgern, daß die Bedeutung des Satzes *nicht immer* sein Wahrheitswert ist,
38 und daß »Morgenstern« nicht immer den Planeten Venus bedeutet, nämlich dann nicht, wenn dies Wort seine ungerade Bedeutung hat. Ein solcher Ausnahmefall liegt in den eben betrachteten Nebensätzen vor, deren Bedeutung ein Gedanke ist.

Wenn man sagt »es scheint, daß ...«, so meint man »es scheint mir, daß ...«, oder »ich meine, daß ...«. Wir haben also wieder den Fall. Ähnlich liegt die Sache bei Ausdrücken wie »sich freuen«, »bedauern«, »billigen«, »tadeln«, »hoffen«, »fürchten«. Wenn Wellington sich gegen Ende der Schlacht bei Belle-Alliance freute, daß die Preußen kämen, so war der Grund seiner Freude eine Überzeugung. Wenn er sich getäuscht hätte, so würde er sich, solange sein Wahn dauerte, nicht minder gefreut haben, und bevor er die Überzeugung gewann, daß die Preußen kämen, konnte er sich nicht darüber freuen, obwohl sie in der Tat schon anrückten.

Wie eine Überzeugung oder ein Glaube Grund eines Gefühls ist, so kann sie auch Grund einer Überzeugung sein wie beim Schließen. In dem Satze: »Kolumbus schloß aus der Rundung der Erde, daß er nach Westen reisend Indien erreichen könne«, haben wir als Bedeutungen von Teilen zwei Gedanken: daß die Erde rund sei, und daß Kolumbus nach Westen reisend Indien erreichen könne. Es kommt hier wieder nur darauf an, daß Kolumbus von dem einen und von dem anderen überzeugt war, und daß die eine Überzeugung Grund der anderen war. Ob die Erde wirklich rund ist und Kolumbus nach Westen reisend wirklich Indien so, wie er dachte, erreichen konnte, ist für die Wahrheit unseres Satzes gleichgültig; aber nicht gleichgültig ist, ob wir für »die Erde« setzen »der Planet, welcher von einem Monde begleitet ist, dessen Durchmesser größer als der vierte Teil seines eigenen ist«. Auch hier haben wir die ungerade Bedeutung der Worte.

Die Adverbsätze des Zwecks mit »damit« gehören auch hierher; denn offenbar ist der Zweck ein Gedanke; daher: ungerade Bedeutung der Worte, Konjunktiv.

Der Nebensatz mit »daß« nach »befehlen«, »bitten«, »verbieten« würde in gerader Rede als Imperativ erscheinen. Ein solcher hat keine Bedeutung, sondern nur einen Sinn. Ein Befehl, eine Bitte sind zwar nicht Gedanken, aber sie stehen doch mit Gedanken auf
39 derselben Stufe. Daher haben in den von »befehlen«, »bitten« usw. abhängigen Nebensätzen die Worte ihre ungerade Bedeutung. Die Bedeutung eines solchen Satzes ist also nicht ein Wahrheitswert, sondern ein Befehl, eine Bitte u. dgl.

Ähnlich ist es bei der abhängigen Frage in Wendungen wie »zweifeln, ob«, »nicht wissen, was«. Daß auch hier die Wörter in ihrer ungeraden Bedeutung zu nehmen sind, ist leicht zu sehen. Die abhängigen Fragesätze mit »wer«, »was«, »wo«, »wann«, »wie«, »wodurch« usw. nähern sich zuweilen scheinbar sehr Adverbsätzen, in denen die Worte ihre gewöhnliche Bedeutung haben. Sprachlich unterscheiden sich diese Fälle durch den Modus des Verbs. Beim Konjunktiv haben wir abhängige Frage und ungerade Bedeutung der Worte, so daß ein Eigenname nicht allgemein durch einen anderen desselben Gegenstandes ersetzt werden kann.

In den bisher betrachteten Fällen hatten die Worte im Nebensatze ihre ungerade Bedeutung, und daraus wurde erklärlich, daß auch die Bedeutung des Nebensatzes selbst eine ungerade war; d.h. nicht ein Wahrheitswert, sondern ein Gedanke, ein Befehl, eine Bitte, eine Frage. Der Nebensatz konnte als Nennwort aufgefaßt werden, ja, man könnte sagen: als Eigenname jenes Gedankens, jenes Befehls usw., als welcher er in den Zusammenhang des Satzgefüges eintrat.

Wir kommen jetzt zu anderen Nebensätzen, in denen die Worte zwar ihre gewöhnliche Bedeutung haben, ohne daß doch als Sinn ein Gedanke und als Bedeutung ein Wahrheitswert auftritt. Wie das möglich ist, wird am besten an Beispielen deutlich.

»Der die elliptische Gestalt der Planetenbahnen entdeckte, starb im Elend.«

Wenn hier der Nebensatz als Sinn einen Gedanken hätte, so müßte es möglich sein, diesen auch in einem Hauptsatz auszu-

drücken. Aber dies geht nicht, weil das grammatische Subjekt »der« keinen selbständigen Sinn hat, sondern die Beziehungen auf den Nachsatz »starb im Elend« vermittelt. Daher ist auch der Sinn des Nebensatzes kein vollständiger Gedanke und seine Bedeutung kein Wahrheitswert, sondern Kepler. Man könnte einwenden, daß der Sinn des Ganzen doch als Teil einen Gedanken einschließe, nämlich daß es einen gab, der die elliptische Gestalt der Planetenbah-
40 nen zuerst erkannte; denn wer das Ganze für wahr halte, könne diesen Teil nicht verneinen. Das letzte ist zweifellos; aber nur, weil sonst der Nebensatz »der die elliptische Gestalt der Planetenbahnen entdeckte« keine Bedeutung hätte. Wenn man etwas behauptet, so ist immer die Voraussetzung selbstverständlich, daß die gebrauchten einfachen oder zusammengesetzten Eigennamen eine Bedeutung haben. Wenn man also behauptet, »Kepler starb im Elend«, so ist dabei vorausgesetzt, daß der Name »Kepler« etwas bezeichne; aber darum ist doch im Sinne des Satzes »Kepler starb im Elend« der Gedanke, daß der Name »Kepler« etwas bezeichne, nicht enthalten. Wenn das der Fall wäre, müßte die Verneinung nicht lauten

> »Kepler starb nicht im Elend«,

sondern

> »Kepler starb nicht im Elend, oder der Name ›Kepler‹ ist bedeutungslos«.

Daß der Name »Kepler« etwas bezeichne, ist vielmehr Voraussetzung ebenso für die Behauptung

> »Kepler starb im Elend«

wie für die entgegengesetzte. Nun haben die Sprachen den Mangel, daß in ihnen Ausdrücke möglich sind, welche nach ihrer grammatischen Form bestimmt erscheinen, einen Gegenstand zu bezeichnen, diese ihre Bestimmung aber in besonderen Fällen nicht erreichen, weil das von der Wahrheit eines Satzes abhängt. So hängt es von der Wahrheit des Satzes

> »es gab einen, der die elliptische Gestalt der Planetenbahnen entdeckte«

ab, ob der Nebensatz

> »der die elliptische Gestalt der Planetenbahnen entdeckte«

wirklich einen Gegenstand bezeichnet oder nur den Schein davon erweckt, in der Tat jedoch bedeutungslos ist. Und so kann es scheinen, als ob unser Nebensatz als Teil seines Sinnes den Gedanken enthalte, es habe einen gegeben, der die elliptische Gestalt der Planetenbahnen entdeckte. Wäre das richtig, so müßte die Verneinung lauten:

> »der die elliptische Gestalt der Planetenbahnen zuerst erkannte, starb nicht im Elend, oder es gab keinen, der die elliptische Gestalt der Planetenbahnen entdeckte.«

41 Dies liegt also an einer Unvollkommenheit der Sprache, von der übrigens auch die Zeichensprache der Analysis nicht ganz frei ist; auch da können Zeichenverbindungen vorkommen, die den Schein erwecken, als bedeuteten sie etwas, die aber wenigstens bisher noch bedeutungslos sind, z.B. divergente unendliche Reihen. Man kann dies vermeiden, z.B. durch die besondere Festsetzung, daß divergente unendliche Reihen die Zahl 0 bedeuten sollen. Von einer logisch vollkommenen Sprache (Begriffsschrift) ist zu verlangen, daß jeder Ausdruck, der aus schon eingeführten Zeichen in grammatisch richtiger Weise als Eigenname gebildet ist, auch in der Tat einen Gegenstand bezeichne, und daß kein Zeichen als Eigenname neu eingeführt werde, ohne daß ihm eine Bedeutung gesichert sei. Man warnt in den Logiken vor der Vieldeutigkeit der Ausdrücke als einer Quelle von logischen Fehlern. Für mindestens ebenso angebracht halte ich die Warnung vor scheinbaren Eigennamen, die keine Bedeutung haben. Die Geschichte der Mathematik weiß von Irrtümern zu erzählen, die daraus entstanden sind. Der demagogische Mißbrauch liegt hierbei ebenso nahe, vielleicht näher als bei vieldeutigen Wörtern. »Der Wille des Volkes« kann als Beispiel dazu dienen; denn daß es wenigstens keine allgemein angenommene Bedeutung dieses Ausdrucks gibt, wird leicht festzustellen sein. Es ist also durchaus nicht belanglos, die Quelle dieser Irrtümer wenigstens für die Wissenschaft ein für allemal zu verstopfen. Dann werden solche Einwände wie der eben besprochene unmöglich, weil es dann nie von der Wahrheit eines Gedankens abhängen kann, ob ein Eigenname eine Bedeutung hat.

Wir können diesen Nennsätzen eine Art der Beisätze und Adverbsätze in der Betrachtung anschließen, welche logisch nahe mit ihnen verwandt sind.

Auch Beisätze dienen dazu, zusammengesetzte Eigennamen zu bilden, wenn sie auch nicht wie die Nennsätze allein dazu hinreichen. Diese Beisätze sind Beiwörtern gleich zu achten. Statt »die Quadratwurzel aus 4, die kleiner ist als 0« kann man auch sagen »die negative Quadratwurzel aus 4«. Wir haben hier den Fall, daß aus

einem Begriffsausdrucke ein zusammengesetzter Eigenname mit Hilfe des bestimmten Artikels im Singular gebildet wird, was je-
42 denfalls dann erlaubt ist, wenn ein Gegenstand und nur ein einziger unter den Begriff fällt[9]. Begriffsausdrücke können nun so gebildet werden, daß Merkmale durch Beisätze angegeben werden, wie in unserem Beispiele durch den Satz »die kleiner ist als 0«. Es ist einleuchtend, daß ein solcher Beisatz ebensowenig wie vorhin der Nennsatz als Sinn einen Gedanken noch als Bedeutung einen Wahrheitswert haben kann, sondern er hat als Sinn nur einen Teil eines Gedankens, der in manchen Fällen auch durch ein einzelnes Beiwort ausgedrückt werden kann. Auch hier wie bei jenen Nennsätzen fehlt das selbständige Subjekt und damit auch die Möglichkeit, den Sinn des Nebensatzes in einem selbständigen Hauptsatze wiederzugeben.

Örter, Zeitpunkte, Zeiträume sind, logisch betrachtet, Gegenstände; mithin ist die sprachliche Bezeichnung eines bestimmten Ortes, eines bestimmten Augenblicks oder Zeitraums als Eigenname aufzufassen. Adverbsätze des Orts und der Zeit können nun zur Bildung eines solchen Eigennamens in ähnlicher Weise gebraucht werden, wie wir es eben von den Nenn- und Beisätzen gesehen haben. Ebenso können Ausdrücke für Begriffe, die Örter usw. unter sich fassen, gebildet werden. Auch hier ist zu bemerken, daß der Sinn dieser Nebensätze nicht in einem Hauptsatz wiedergegeben werden kann, weil ein wesentlicher Bestandteil, nämlich die Orts- oder Zeitbestimmung, fehlt, die durch ein Relativpronomen oder ein Fügewort nur angedeutet ist[10].

[9] Nach dem oben Bemerkten müßte einem solchen Ausdrucke eigentlich durch besondere Festsetzung immer eine Bedeutung gesichert werden, z.B. durch die Bestimmung, daß als seine Bedeutung die Zahl 0 zu gelten habe, wenn kein Gegenstand oder mehr als einer unter den Begriff fällt.

[10] Es sind bei diesen Sätzen übrigens leicht verschiedene Auffassungen möglich. Den Sinn des Satzes »nachdem Schleswig-Holstein von Dänemark losgerissen war, entzweiten sich Preußen und Österreich« können wir auch wiedergeben in der Form »nach Losreißung Schleswig-Holsteins von Dänemark entzweiten sich Preußen und Österreich« Bei dieser Fassung ist es wohl hinreichend deutlich, daß als Teil dieses Sinnes nicht der Gedanke aufzufassen ist, daß Schleswig-Holstein einmal von Dänemark losgerissen ist, sondern daß dies die notwendige Voraussetzung dafür ist, daß der Ausdruck »nach der Losreißung Schleswig-Holsteins von Dänemark« überhaupt eine Bedeutung habe. Es läßt sich freilich unser Satz auch so auffassen, daß damit gesagt sein soll, es sei einmal Schleswig-Holstein von Dänemark losgerissen worden. Dann haben wir einen Fall, der später zu be-

43 Auch in den Bedingungssätzen ist meistens, wie wir es eben bei Nenn-, Bei- und Adverbsätzen gesehen haben, ein unbestimmt andeutender Bestandteil anzuerkennen, dem im Nachsatze ein ebensolcher entspricht. Indem beide aufeinander hinweisen, verbinden sie beide Sätze zu einem Ganzen, das in der Regel nur einen Gedanken ausdrückt. In dem Satze

> »wenn eine Zahl kleiner als 1 und größer als 0 ist, so ist auch ihr Quadrat kleiner als 1 und größer als 0«

ist dieser Bestandteil »eine Zahl« im Bedingungssatze und »ihr« im Nachsatze. Eben durch diese Unbestimmtheit erhält der Sinn die Allgemeinheit, welche man von einem Gesetze erwartet. Eben dadurch wird aber auch bewirkt, daß der Bedingungssatz allein keinen vollständigen Gedanken als Sinn hat und mit dem Nachsatz zusammen einen Gedanken, und zwar nur einen einzigen, ausdrückt, dessen Teile nicht mehr Gedanken sind. Es ist im allgemeinen unrichtig, daß im hypothetischen Urteil zwei Urteile in Wechselbeziehung gesetzt werden. Wenn man so oder ähnlich sagt, gebraucht man das Wort »Urteil« in demselben Sinne, den ich mit dem Worte »Gedanke« verbunden habe, so daß ich dafür sagen würde: »In einem hypothetischen Gedanken werden zwei Gedanken in Wechselbeziehung gesetzt.« Dies könnte nur dann wahr sein, wenn ein unbestimmt andeutender Bestandteil fehlte[11]; dann wäre aber auch keine Allgemeinheit vorhanden.

Wenn ein Zeitpunkt im Bedingungs- und Nachsatz unbestimmt anzudeuten ist, so geschieht es nicht selten nur durch das *Tempus praesens* des Verbs, das in diesem Falle nicht die Gegenwart mitbezeichnet. Diese grammatische Form ist dann im Haupt- und Nebensatze der unbestimmt andeutende Bestandteil. »Wenn sich

trachten sein wird. Versetzen wir uns, um den Unterschied klarer zu erkennen, in die Seele eines Chinesen, der bei seiner geringen Kenntnis europäischer Geschichte es für falsch hält, daß einmal Schleswig-Holstein von Dänemark losgerissen sei. Dieser wird unseren Satz, in der ersten Weise aufgefaßt, weder für wahr noch für falsch halten, sondern ihm jede Bedeutung absprechen, weil dem Nebensatze eine solche fehlen würde. Dieser würde nur scheinbar eine Zeitbestimmung geben. Wenn er unseren Satz dagegen in der zweiten Weise auffaßt, wird er in ihm einen Gedanken ausgedrückt finden, den er für falsch hielte, neben einem Teile, der für ihn bedeutungslos wäre.

[11] Zuweilen fehlt eine ausdrückliche sprachliche Andeutung und muß dem ganzen Zusammenhang entnommen werden.

44 die Sonne im Wendekreise des Krebses befindet, haben wir auf der nördlichen Erdhälfte den längsten Tag«, ist ein Beispiel dafür. Auch hier ist es unmöglich, den Sinn des Nebensatzes in einem Hauptsatze auszudrücken, weil dieser Sinn kein vollständiger Gedanke ist; denn wenn wir sagten: »die Sonne befindet sich im Wendekreise des Krebses«, so würden wir das auf unsere Gegenwart beziehen und damit den Sinn ändern. Ebensowenig ist der Sinn des Hauptsatzes ein Gedanke; erst das aus Haupt- und Nebensatz bestehende Ganze enthält einen solchen. Übrigens können auch mehrere gemeinsame Bestandteile im Bedingungs- und Nachsatze unbestimmt angedeutet werden.

Es ist einleuchtend, daß Nennsätze mit »wer«, »was« und Adverbsätze mit »wo«, »wann«, »wo immer«, »wann immer« vielfach als Bedingungssätze dem Sinne nach aufzufassen sind, z.B.: »Wer Pech angreift, besudelt sich.«

Auch Beisätze können Bedingungssätze vertreten. So können wir den Sinn unseres vorhin angeführten Satzes auch in der Form »das Quadrat einer Zahl, die kleiner als 1 und größer als 0 ist, ist kleiner als 1 und größer als 0« ausdrücken.

Ganz anders wird die Sache, wenn der gemeinsame Bestandteil von Hauptsatz und Nebensatz durch einen Eigennamen bezeichnet wird. In dem Satze:

> »Napoleon, der die Gefahr für seine rechte Flanke erkannte, führte selbst seine Garden gegen die feindliche Stellung«

sind die beiden Gedanken ausgedrückt:

> 1. Napoleon erkannte die Gefahr für seine rechte Flanke;
> 2. Napoleon führte selbst seine Garden gegen die feindliche Stellung.

Wann und wo dies geschah, kann zwar nur aus dem Zusammenhang erkannt werden, ist aber als dadurch bestimmt anzusehen. Wenn wir unseren ganzen Satz als Behauptung aussprechen, so behaupten wir damit zugleich die beiden Teilsätze. Wenn einer dieser Teilsätze falsch ist, so ist damit das Ganze falsch. Hier haben wir den Fall, daß der Nebensatz für sich allein als Sinn einen vollständigen Gedanken hat (wenn wir ihn durch Zeit- und Ortsangabe ergänzen). Die Bedeutung des Nebensatzes ist demnach ein Wahrheitswert. Wir können also erwarten, daß er sich unbeschadet der Wahr-
45 heit des Ganzen durch einen Satz von demselben Wahrheitswerte ersetzen lasse. Dies ist auch der Fall; nur muß beachtet werden, daß sein Subjekt »Napoleon« sein muß, aus einem rein grammatischen

Grunde, weil er nur dann in die Form eines zu »Napoleon« gehörenden Beisatzes gebracht werden kann. Sieht man aber von der Forderung ab, ihn in dieser Form zu sehen, und läßt man auch die Anreihung mit »und« zu, so fällt diese Beschränkung hinweg.

Auch in Nebensätzen mit »obgleich« werden vollständige Gedanken ausgedrückt. Dieses Fügewort hat eigentlich keinen Sinn und verändert auch den Sinn des Satzes nicht, sondern beleuchtet ihn nur in eigentümlicher Weise[12]. Wir könnten zwar unbeschadet der Wahrheit des Ganzen den Konzessivsatz durch einen anderen desselben Wahrheitswertes ersetzen; aber die Beleuchtung würde dann leicht unpassend erscheinen, wie wenn man ein Lied traurigen Inhalts nach einer lustigen Weise singen wollte.

In den letzten Fällen schloß die Wahrheit des Ganzen die Wahrheit der Teilsätze ein. Anders ist es, wenn ein Bedingungssatz einen vollständigen Gedanken ausdrückt, indem er statt des nur andeutenden Bestandteils einen Eigennamen enthält oder etwas, was dem gleich zu achten ist. In dem Satze

> »wenn jetzt die Sonne schon aufgegangen ist, ist der Himmel stark bewölkt«

ist die Zeit die Gegenwart, also bestimmt. Auch der Ort ist als bestimmt zu denken. Hier kann man sagen, daß eine Beziehung zwischen den Wahrheitswerten des Bedingungs- und Folgesatzes gesetzt sei, nämlich die, daß der Fall nicht stattfinde, wo der Bedingungssatz das Wahre und der Nachsatz das Falsche bedeute. Danach ist unser Satz wahr, sowohl wenn jetzt die Sonne noch nicht aufgegangen ist, sei nun der Himmel stark bewölkt oder nicht, als auch, wenn die Sonne schon aufgegangen ist und der Himmel stark bewölkt ist. Da es hierbei nur auf die Wahrheitswerte ankommt, so kann man jeden der Teilsätze durch einen anderen von gleichem Wahrheitswerte ersetzen, ohne den Wahrheitswert des Ganzen zu ändern. Freilich würde auch hier die Beleuchtung meistens unpas-
46 send werden: der Gedanke würde leicht abgeschmackt erscheinen; aber das hat mit seinem Wahrheitswerte nichts zu tun. Man muß dabei immer beachten, daß Nebengedanken mit anklingen, die aber nicht eigentlich ausgedrückt sind und darum in den Sinn des Satzes nicht eingerechnet werden dürfen, auf deren Wahrheitswert es also nicht ankommen kann[13].

[12] Ähnliches haben wir bei »aber«, »doch«.

[13] Man könnte den Gedanken unseres Satzes auch so ausdrücken: »entweder ist jetzt die Sonne noch nicht aufgegangen, oder der Himmel ist

Damit möchten die einfachen Fälle besprochen sein. Werfen wir hier einen Blick auf das Erkannte zurück!

Der Nebensatz hat meistens als Sinn keinen Gedanken, sondern nur einen Teil eines solchen und folglich als Bedeutung keinen Wahrheitswert. Dies hat entweder darin seinen Grund, daß im Nebensatz die Wörter ihre ungerade Bedeutung haben, so daß die Bedeutung, nicht der Sinn des Nebensatzes ein Gedanke ist, oder darin, daß der Nebensatz wegen eines darin nur unbestimmt andeutenden Bestandteils unvollständig ist, so daß er erst mit dem Hauptsatze zusammen einen Gedanken ausdrückt. Es kommen aber auch Fälle vor, wo der Sinn des Nebensatzes ein vollständiger Gedanke ist, und dann kann er unbeschadet der Wahrheit des Ganzen durch einen anderen von demselben Wahrheitswerte ersetzt werden, soweit nicht grammatische Hindernisse vorliegen.

Wenn man alle aufstoßenden Nebensätze hierauf ansieht, so wird man bald solche treffen, die nicht recht in diese Fächer passen wollen. Der Grund davon wird, soviel ich sehe, darin liegen, daß diese Nebensätze keinen so einfachen Sinn haben. Fast immer, scheint es, verbinden wir mit einem Hauptgedanken, den wir aussprechen, Nebengedanken, die auch der Hörer, obwohl sie nicht ausgedrückt werden, mit unseren Worten verknüpft nach psychologischen Gesetzen. Und weil sie so von selbst mit unseren Worten verbunden erscheinen, fast wie der Hauptgedanke selbst, so wollen wir dann auch wohl einen solchen Nebengedanken mit ausdrücken. Dadurch wird der Sinn des Satzes reicher, und es kann wohl geschehen, daß wir mehr einfache Gedanken als Sätze haben. In manchen Fällen muß der Satz so verstanden werden, in anderen kann es zweifelhaft sein, ob der Nebengedanke mit zum Sinn des Satzes gehört oder
47 ihn nur begleitet[14]. So könnte man vielleicht finden, daß in dem Satze

> »Napoleon, der die Gefahr für seine rechte Flanke erkannte, führte selbst seine Garden gegen die feindliche Stellung«

nicht nur die beiden oben angegebenen Gedanken ausgedrückt wären, sondern auch der, daß die Erkenntnis der Gefahr der Grund war, weshalb er die Garden gegen die feindliche Stellung führte.

stark bewölkt«, woraus zu ersehen, wie diese Art der Satzverbindung aufzufassen ist.

[14] Für die Frage, ob eine Behauptung eine Lüge, ein Eid ein Meineid sei, kann dies von Wichtigkeit werden.

Man kann in der Tat zweifelhaft sein, ob dieser Gedanke nur leicht angeregt oder ob er wirklich ausgedrückt wird. Man lege sich die Frage vor, ob unser Satz falsch wäre, wenn Napoleons Entschluß schon vor der Wahrnehmung der Gefahr gefaßt wäre. Könnte unser Satz trotzdem wahr sein, so wäre unser Nebengedanke nicht als Teil des Sinnes unseres Satzes aufzufassen. Wahrscheinlich wird man sich dafür entscheiden. Im anderen Falle würde die Sachlage recht verwickelt: wir hätten dann mehr einfache Gedanken als Sätze. Wenn wir nun auch den Satz

»Napoleon erkannte die Gefahr für seine rechte Flanke«

durch einen anderen desselben Wahrheitswertes ersetzten, z.B. durch

»Napoleon war schon über 45 Jahre alt«,

so würde damit nicht nur unser erster, sondern auch unser dritter Gedanke geändert, und damit könnte auch dessen Wahrheitswert ein anderer werden – dann nämlich, wenn sein Alter nicht Grund des Entschlusses war, die Garden gegen den Feind zu führen. Hieraus ist zu sehen, weshalb in solchen Fällen nicht immer Sätze von demselben Wahrheitswerte füreinander eintreten können. Der Satz drückt dann eben vermöge seiner Verbindung mit einem anderen mehr aus als für sich allein.

Betrachten wir nun Fälle, wo solches regelmäßig vorkommt. In dem Satze

»Bebel wähnt, daß durch die Rückgabe Elsaß-Lothringens Frankreichs Rachegelüste beschwichtigt werden können«

sind zwei Gedanken ausgedrückt, von denen aber nicht der eine dem Haupt-, der andere dem Nebensatze angehört, nämlich

1. Bebel glaubt, daß durch die Rückgabe Elsaß-Lothringens Frankreichs Rachegelüste beschwichtigt werden können;
48 2. durch die Rückgabe Elsaß-Lothringens können Frankreichs Rachegelüste nicht beschwichtigt werden.

In dem Ausdrucke des ersten Gedankens haben die Worte des Nebensatzes ihre ungerade Bedeutung, während dieselben Worte im Ausdrucke des zweiten Gedankens ihre gewöhnliche Bedeutung haben. Wir sehen daraus, daß der Nebensatz in unserem ursprünglichen Satzgefüge eigentlich doppelt zu nehmen ist mit verschiedenen Bedeutungen, von denen die eine ein Gedanke, die andere ein Wahrheitswert ist. Weil nun der Wahrheitswert nicht die ganze Bedeutung des Nebensatzes ist, können wir diesen nicht einfach durch einen anderen desselben Wahrheitswertes ersetzen. Ähnliches haben wir bei Ausdrücken wie »wissen«, »erkennen«, »es ist bekannt«.

Mit einem Nebensatze des Grundes und dem zugehörigen Hauptsatze drücken wir mehrere Gedanken aus, die aber nicht den Sätzen einzeln entsprechen. Der Satz[*]

> »weil das Eis spezifisch leichter als Wasser ist, schwimmt es auf dem Wasser«

haben wir

1. das Eis ist spezifisch leichter als Wasser;
2. wenn etwas spezifisch leichter als Wasser ist, so schwimmt es auf dem Wasser;
3. das Eis schwimmt auf dem Wasser.

Der dritte Gedanke brauchte allenfalls nicht ausdrücklich aufgeführt zu werden als in den ersten beiden enthalten. Dagegen würden weder der erste und dritte, noch der zweite und dritte zusammen den Sinn unseres Satzes ausmachen. Man sieht nun, daß in unserem Nebensatze

> »weil das Eis spezifisch leichter als Wasser ist«

sowohl unser erster Gedanke als auch ein Teil unseres zweiten ausgedrückt ist. Daher kommt es, daß wir unseren Nebensatz nicht einfach durch einen anderen desselben Wahrheitswertes ersetzen können; denn dadurch würde auch unser zweiter Gedanke geändert, und davon könnte leicht auch dessen Wahrheitswert berührt werden.

Ähnlich ist die Sache in dem Satze

> »wenn Eisen spezifisch leichter als Wasser wäre, so würde es auf dem Wasser schwimmen«.

49 Wir haben hier die beiden Gedanken, daß Eisen nicht spezifisch leichter ist als Wasser, und daß etwas auf dem Wasser schwimmt, wenn es spezifisch leichter als Wasser ist. Der Nebensatz drückt wieder den einen und einen Teil des anderen Gedankens aus. Wenn wir den früher betrachteten Satz

> »nachdem Schleswig-Holstein von Dänemark losgerissen war, entzweiten sich Preußen und Österreich«

* [So im Original statt »In dem Satze«. Hrsg.]

so auffassen, daß darin der Gedanke ausgedrückt ist, es sei einmal Schleswig-Holstein von Dänemark losgerissen worden, so haben wir erstens diesen Gedanken, zweitens den Gedanken, daß zu einer Zeit, die durch den Nebensatz näher bestimmt ist, Preußen und Österreich sich entzweiten. Auch hier drückt dann der Nebensatz nicht nur einen Gedanken, sondern auch einen Teil eines anderen aus. Daher darf man ihn nicht allgemein durch einen anderen desselben Wahrheitswertes ersetzen.

Es ist schwer, alle in der Sprache gegebenen Möglichkeiten zu erschöpfen; aber ich hoffe doch, im wesentlichen die Gründe aufgefunden zu haben, warum nicht immer unbeschadet der Wahrheit des ganzen Satzgefüges ein Nebensatz durch einen anderen desselben Wahrheitswertes vertreten werden kann. Diese sind

1. daß der Nebensatz keinen Wahrheitswert bedeutet, indem er nur einen Teil eines Gedankens ausdrückt;
2. daß der Nebensatz zwar einen Wahrheitswert bedeutet, aber sich nicht darauf beschränkt, indem sein Sinn außer einem Gedanken auch noch einen Teil eines anderen Gedankens umfaßt.

Der erste Fall tritt ein

a) bei der ungeraden Bedeutung der Worte,
b) wenn ein Teil des Satzes nur unbestimmt andeutet, statt ein Eigenname zu sein.

Im zweiten Fall kann der Nebensatz doppelt zu nehmen sein, nämlich einmal in gewöhnlicher Bedeutung, das andere Mal in ungerader Bedeutung; oder es kann der Sinn eines Teiles des Nebensatzes zugleich Bestandteil eines anderen Gedankens sein, der mit dem unmittelbar im Nebensatze ausgedrückten zusammen den ganzen Sinn des Haupt- und Nebensatzes ausmacht.

Hieraus geht wohl mit hinreichender Wahrscheinlichkeit hervor, daß die Fälle, wo ein Nebensatz nicht durch einen anderen desselben Wahrheitswertes ersetzbar ist, nichts gegen unsere An-
50 sicht beweisen, der Wahrheitswert sei die Bedeutung des Satzes, dessen Sinn ein Gedanke ist.

Kehren wir nun zu unserem Ausgangspunkte zurück!

Wenn wir den Erkenntniswert von »$a = a$« und »$a = b$« im allgemeinen verschieden fanden, so erklärt sich das dadurch, daß für den Erkenntniswert der Sinn des Satzes, nämlich der in ihm ausgedrückte Gedanke, nicht minder in Betracht kommt als seine Bedeutung, das ist sein Wahrheitswert. Wenn nun $a = b$ ist, so ist zwar die Bedeutung von »b« dieselbe wie die von »a« und also auch der Wahrheitswert von »$a = b$« derselbe wie von »$a = a$«. Trotzdem kann der Sinn von »b« von dem Sinn von »a« verschieden sein, und mithin auch der in »$a = b$« ausgedrückte Gedanke verschieden von dem [in]* »$a = a$« ausgedrückten sein; dann haben beide Sätze auch nicht denselben Erkenntniswert. Wenn wir, wie oben, unter »Urteil« verstehen den Fortschritt vom Gedanken zu dessen Wahrheitswerte, so werden wir auch sagen, daß die Urteile verschieden sind.

* [Im Erstdruck: »von dem »$a = a$« ausgedrückten«. Hrsg.]

Über Begriff und Gegenstand

(Vjschr. f. wissensch. Philosophie 16, 1892, S. 192–205.)

192 *Benno Kerry* hat in einer Reihe von Artikeln[*] über Anschauung und ihre psychische Verarbeitung in dieser Vierteljahrsschrift vielfach teils zustimmend, teils bestreitend auf meine Grundlagen der Arithmetik und andere von meinen Schriften Bezug genommen. Dies kann mir nur erfreulich sein, und ich glaube, mich am besten dadurch erkenntlich zu zeigen, daß ich die Erörterung der von ihm bestrittenen Punkte aufnehme. Um so nötiger scheint mir das zu sein, als sein Widerspruch zum Teil jedenfalls auf einem Mißverstehen meiner Äußerungen über den Begriff beruht, das von andern geteilt werden könnte, und als diese Sache wichtig und schwierig genug ist, um auch abgesehen von dieser besonderen Veranlassung eingehender behandelt zu werden, als wie es mir in meinen Grundlagen passend zu sein schien.

Das Wort »Begriff« wird verschieden gebraucht, teils in einem psychologischen, teils in einem logischen Sinne, teils vielleicht in einer unklaren Mischung von beiden. Diese nun einmal vorhandene Freiheit findet ihre natürliche Beschränkung in der Forderung, daß die einmal angenommene Gebrauchsweise festgehalten werde. Ich habe mich nun dafür entschieden, einen rein logischen Gebrauch streng durchzuführen. Die Frage, ob dieses oder jenes zweckmäßiger sei, möchte ich als weniger wichtig beiseite lassen. Man wird sich leicht über die Ausdrucksweise verständigen, wenn man einmal anerkannt hat, daß etwas da ist, was eine besondere Benennung verdient.

Es scheint mir nun das Mißverstehen *Kerrys* dadurch bewirkt zu sein, daß er unwillkürlich seine eigene Gebrauchsweise des Wortes »Begriff« mit meiner vermengt. Hieraus entspringen ja leicht Widersprüche, die nicht meiner Gebrauchsweise zur Last fallen.

193 *Kerry* bestreitet das, was er meine Definition von Begriff nennt. Da möchte ich nun zunächst bemerken, daß meine Erklärung nicht als eigentliche Definition gemeint ist. Man kann auch nicht verlangen, daß alles definiert werde, wie man auch vom Chemiker nicht verlangen kann, daß er alle Stoffe zerlege. Was einfach ist, kann nicht zerlegt werden, und was logisch einfach ist, kann nicht ei-

* [Vj. f. wiss. Philos. 9, 1885, S. 433–493; 10, 1886, 419–467; 11, 1887, 53–116, 249–307; 13, 1889, 71–124, 392–419. Hrsg.]

gentlich definiert werden. Das Logischeinfache ist nun ebensowenig wie die meisten chemischen Elemente von vornherein gegeben, sondern wird erst durch wissenschaftliche Arbeit gewonnen. Wenn nun etwas gefunden ist, was einfach ist oder wenigstens bis auf weiteres als einfach gelten muß, so wird eine Benennung dafür zu prägen sein, da die Sprache einen genau entsprechenden Ausdruck ursprünglich nicht haben wird. Eine Definition zur Einführung eines Namens für Logischeinfaches ist nicht möglich. Es bleibt dann nichts anderes übrig, als den Leser oder Hörer durch Winke dazu anzuleiten, unter dem Worte das Gemeinte zu verstehen.

Kerry möchte den Unterschied zwischen Begriff und Gegenstand nicht als absoluten gelten lassen. Er sagt: »Wir haben an früherer Stelle selbst der Ansicht Ausdruck gegeben, daß das Verhältnis zwischen Begriffsinhalt und Begriffsgegenstand in gewisser Beziehung ein eigentümliches, irreduzibles sei; hiermit war aber keineswegs die Ansicht verbunden, daß die Eigenschaften: Begriff zu sein und Gegenstand zu sein einander ausschlössen; die letztere Ansicht folgt aus der ersteren so wenig als etwa daraus, daß das Verhältnis zwischen Vater und Sohn ein nicht weiter zurückführbares wäre, folgt, daß jemand nicht zugleich Vater und Sohn (wiewohl natürlich nicht z.B. Vater dessen, dessen Sohn er ist) sein könne.«

Knüpfen wir an dies Gleichnis an! Wenn es Wesen gäbe oder gegeben hätte, welche zwar Väter wären, aber nicht Söhne sein könnten, so würden solche Wesen offenbar ganz anderer Art sein als alle Menschen, welche Söhne sind. Ähnliches kommt nun hier vor. Der Begriff – wie ich das Wort verstehe – ist prädikativ[1]. Ein Gegenstandsname hingegen, ein Eigenname ist durchaus unfähig, als grammatisches Prädikat gebraucht zu werden. Dies bedarf freilich einer Erläuterung, um nicht falsch zu erscheinen. Kann man nicht ebensogut von etwas aussagen, es sei Alexander der Große, oder es sei die Zahl Vier, oder es sei der Planet Venus, wie man von etwas aussagen
194 kann, es sei grün, oder es sei ein Säugetier? Wenn man so denkt, unterscheidet man nicht die Gebrauchsweisen des Wortes »ist«. In den letzten beiden Beispielen dient es als Kopula, als bloßes Formwort der Aussage. Als solches kann es zuweilen durch die bloße Personalendung vertreten werden. Man vergleiche z.B. »dieses Blatt ist grün« und »dieses Blatt grünt«. Wir sagen dann, daß etwas unter einen Begriff falle, und das grammatische Prädikat bedeutet dabei diesen Begriff. In den ersten drei Beispielen wird dagegen das »ist« wie in der Arithmetik das Gleichheitszeichen gebraucht, um eine

[1] Er ist nämlich Bedeutung eines grammatischen Prädikats.

Gleichung[2] auszusprechen. Im Satze »der Morgenstern ist die Venus« haben wir zwei Eigennamen »Morgenstern« und »Venus« für denselben Gegenstand. In dem Satze »der Morgenstern ist ein Planet« haben wir einen Eigennamen: »der Morgenstern« und ein Begriffswort: »ein Planet«. Sprachlich zwar ist nichts geschehen, als daß »die Venus« ersetzt ist durch »ein Planet«; aber sachlich ist die Beziehung eine ganz andere geworden. Eine Gleichung ist umkehrbar; das Fallen eines Gegenstandes unter einen Begriff ist eine nicht umkehrbare Beziehung. Das »ist« im Satze »der Morgenstern ist die Venus« ist offenbar nicht die bloße Kopula, sondern auch inhaltlich ein wesentlicher Teil des Prädikats, so daß in den Worten: »die Venus« nicht das ganze Prädikat enthalten ist[3]. Man könnte dafür sagen: »der Morgenstern ist nichts anderes als die Venus«, und hier haben wir, was vorhin in dem einfachen »ist« lag, in vier Worte auseinandergelegt, und in »ist nichts anderes als« ist nun »ist« wirklich nur noch die Kopula. Was hier ausgesagt wird, ist also nicht *die Venus,* sondern *nichts anderes als die Venus.* Diese Worte bedeuten einen Begriff, unter den freilich nur ein einziger Gegenstand fällt. Aber ein solcher Begriff muß immer noch von dem Gegenstande unterschieden werden[4]. Wir haben hier ein Wort: »Venus«, welches
195 nie eigentlich Prädikat sein kann, wiewohl es einen Teil eines Prädikates bilden kann. Die Bedeutung[5] dieses Wortes kann also nie als Begriff auftreten, sondern nur als Gegenstand. Daß es etwas der Art gibt, würde auch *Kerry* wohl nicht bestreiten wollen. Damit wäre aber ein Unterschied zugestanden, dessen Anerkennung sehr wichtig ist, zwischen dem, was nur als Gegenstand auftreten kann, und allem übrigen. Und dieser Unterschied würde auch dann nicht verwischt werden, wenn es wahr wäre, was *Kerry* meint, daß es Begriffe gebe, welche auch Gegenstände sein können. Nun gibt es wirklich

[2] Ich brauche das Wort »gleich« und das Zeichen »=« in dem Sinne von »dasselbe wie«, »nichts anderes als«, »identisch mit«. Man vgl. *E. Schröders* Vorlesungen über die Algebra der Logik (Leipzig 1890) 1. Bd. § 1, wo jedoch zu tadeln ist, daß zwischen den beiden grundverschiedenen Beziehungen des Fallens eines Gegenstandes unter einen Begriff und der Unterordnung eines Begriffes unter einen Begriff nicht unterschieden wird. Auch geben die Bemerkungen über die Vollwurzel zu Bedenken Veranlassung. Das Zeichen $\neq$ bei *Schröder* vertritt nicht einfach die Kopula.

[3] Vgl. meine Grundlagen § 66 Anm.

[4] Vgl. meine Grundlagen § 51.

[5] Man vgl. meinen Aufsatz über Sinn und Bedeutung, der demnächst in der Zeitschrift f. Phil. u. phil. Kritik erscheinen wird. [Diese Ausgabe S. 23-46, Hrsg.]

Fälle, welche diese Ansicht zu stützen scheinen. Ich habe selbst darauf hingewiesen (Grundlagen § 53 am Ende), daß ein Begriff unter einen höheren fallen könne, was jedoch nicht mit der Unterordnung eines Begriffes unter einen anderen zu verwechseln sei. *Kerry* beruft sich hierauf nicht, sondern gibt folgendes Beispiel: »der Begriff ›Pferd‹ ist ein leicht gewinnbarer Begriff«, und meint, der Begriff »Pferd« sei Gegenstand, und zwar einer der Gegenstände, die unter den Begriff »leicht gewinnbarer Begriff« fallen. Ganz recht! Die drei Worte »der Begriff ›Pferd‹« bezeichnen einen Gegenstand, aber eben darum keinen Begriff, wie ich das Wort gebrauche. Dies stimmt vollkommen mit dem von mir gegebenen Kennzeichen[6] überein, wonach beim Singular der bestimmte Artikel immer auf einen Gegenstand hinweist, während der unbestimmte ein Begriffswort begleitet. *Kerry* meint nun zwar, daß man auf sprachliche Unterscheidungen keine logische Festsetzungen gründen könne; aber in der Weise, wie ich das tue, kann es überhaupt niemand vermeiden, der solche Festsetzungen macht, weil wir uns ohne die Sprache nicht verständigen können und daher zuletzt doch immer auf das Vertrauen angewiesen sind, der andere verstehe die Worte, die Formen und die Satzbildung im wesentlichen so wie wir selbst. Wie schon gesagt: ich wollte nicht definieren, sondern nur Winke geben, indem ich mich dabei auf das allgemeine deutsche Sprachgefühl berief. Es kommt mir dabei vortrefflich zustatten, daß der sprachliche Unterschied so gut mit dem sachlichen übereinstimmt. Beim unbestimmten Artikel ist wohl überhaupt keine Ausnahme von unserer Regel anzumerken, es wären denn altertümliche Formeln, wie »ein edler Rat«. Nicht ganz so einfach liegt die Sache
196 beim bestimmten Artikel, besonders im Plural; aber auf diesen Fall bezieht sich mein Kennzeichen nicht. Beim Singular ist die Sache, soviel ich sehe, nur dann zweifelhaft, wenn er statt des Plurals steht, wie in den Sätzen: »der Türke belagerte Wien«, »das Pferd ist ein vierbeiniges Tier«. Diese Fälle sind so leicht als besondere zu erkennen, daß unsere Regel durch ihr Vorkommen an Wert kaum einbüßt. Es ist klar, daß im ersten Satze »der Türke« Eigenname eines Volkes ist. Der zweite Satz ist wohl am angemessensten als Ausdruck eines allgemeinen Urteils aufzufassen, wie: »alle Pferde sind vierbeinige Tiere«, oder: »alle wohlausgebildeten Pferde sind vierbeinige Tiere«, wovon später noch die Rede sein wird[7]. Wenn

[6] Grundlagen § 51, § 66 Anm., § 68 Anm. S. 80.

[7] Man ist jetzt, wie es scheint, geneigt, die Tragweite des Satzes zu übertreiben, daß verschiedene sprachliche Ausdrücke niemals vollkommen

nun *Kerry* mein Kennzeichen unzutreffend nennt, indem er behauptet, in dem Satze »der Begriff, von dem ich jetzt eben spreche, ist ein Individualbegriff« bedeute der aus den ersten acht Wörtern bestehende Name sicherlich einen Begriff, so versteht er das Wort »Begriff« nicht in meinem Sinne, und der Widerspruch liegt nicht in meinen Festsetzungen. Niemand kann aber verlangen, daß meine Ausdrucksweise mit der *Kerrys* übereinstimmen müsse.

Es kann ja nicht verkannt werden, daß hier eine freilich unvermeidbare sprachliche Härte vorliegt, wenn wir behaupten: der Be-
197 griff *Pferd* ist kein Begriff[8], während doch z.B. die Stadt Berlin eine Stadt und der Vulkan Vesuv ein Vulkan ist. Die Sprache befindet sich hier in einer Zwangslage, welche die Abweichung vom Gewöhnlichen rechtfertigt. Daß unser Fall ein besonderer ist, deutet *Kerry* selbst durch die Anführungszeichen beim Worte »Pferd« an – ich gebrauche zu demselben Zwecke kursive[*] Schrift. Es lag kein Grund vor, die Wörter »Berlin« und »Vesuv« in ähnlicher Weise auszuzeichnen. Man hat bei logischen Untersuchungen nicht selten

gleichwertig seien und daß ein Wort nie genau in einer anderen Sprache wiedergegeben werde. Man könnte vielleicht noch weiter gehen und sagen, nicht einmal dasselbe Wort werde von Menschen einer Sprache ganz gleich aufgefaßt. Wieviel Wahrheit in diesen Sätzen ist, will ich nicht untersuchen, sondern nur betonen, daß dennoch nicht selten in verschiedenen Ausdrücken etwas Gemeinsames liegt, was ich den Sinn und bei Sätzen im besonderen den Gedanken nenne; mit anderen Worten: es darf nicht verkannt werden, daß man denselben Sinn, denselben Gedanken verschieden ausdrücken kann, wobei denn also die Verschiedenheit nicht eine solche des Sinnes, sondern nur eine der Auffassung, Beleuchtung, Färbung des Sinnes ist und für die Logik nicht in Betracht kommt. Es ist möglich, daß ein Satz nicht mehr und nicht weniger Auskunft als ein anderer gibt; und trotz aller Mannigfaltigkeit der Sprachen hat die Menschheit einen gemeinsamen Schatz von Gedanken. Wenn man jede Umformung des Ausdrucks verbieten wollte unter dem Vorgehen, daß damit auch der Inhalt verändert werde, so würde die Logik geradezu gelähmt; denn ihre Aufgabe ist nicht wohl lösbar, ohne daß man sich bemüht, den Gedanken in seinen mannigfachen Einkleidungen wiederzuerkennen. Auch jede Definition wäre als falsch zu verwerfen.

[8] Ähnliches kommt vor, wenn wir mit Beziehung auf den Satz »diese Rose ist rot« sagen: das grammatische Prädikat »ist rot« gehört zum Subjekt »diese Rose«. Hier sind die Worte »das grammatische Prädikat ›ist rot‹« nicht grammatisches Prädikat, sondern Subjekt. Gerade dadurch, daß wir es ausdrücklich Prädikat nennen, rauben wir ihm diese Eigenschaft.

* [Im Originaltext, entsprechend der dort von F. befolgten Übung: »gesperrte«. Hrsg.]

das Bedürfnis, etwas von einem Begriffe auszusagen und dies auch in die gewöhnliche Form für solche Aussagen zu kleiden, daß nämlich die Aussage Inhalt des grammatischen Prädikats wird. Danach würde man als Bedeutung des grammatischen Subjekts den Begriff erwarten; aber dieser kann wegen seiner prädikativen Natur nicht ohne weiteres so erscheinen, sondern muß erst in einen Gegenstand verwandelt werden, oder, genauer gesprochen, er muß durch einen Gegenstand[9] vertreten werden, den wir mittels der vorgesetzten Worte »der Begriff« bezeichnen, z.B.

»der Begriff *Mensch* ist nicht leer«.

Hier sind die ersten drei Wörter als Eigenname[10] aufzufassen, der ebensowenig prädikativ gebraucht werden kann wie etwa »Berlin« oder »Vesuv«. Wenn wir sagen: »Jesus fällt unter den Begriff *Mensch*«, so ist das Prädikat (von der Kopula abgesehen)

»fallend unter den Begriff *Mensch*«,

und bedeutet dasselbe wie

»ein Mensch«.

Von diesem Prädikate ist aber die Wortverbindung

»der Begriff *Mensch*«

nur ein Teil.

Man könnte gegen die prädikative Natur des Begriffes geltend machen, daß doch von einem Subjektsbegriffe gesprochen werde. Aber auch in solchen Fällen, wie z.B. in dem Satze

»alle Säugetiere haben rotes Blut«

ist die prädikative Natur[11] des Begriffes nicht zu verkennen; denn man kann dafür sagen:

198 »was Säugetier ist, hat rotes Blut«,

oder

[9] Vgl. meine Grundlagen S. X. [S. XXII des Nachdrucks 1962. Hrsg.]

[10] Eigennamen nenne ich jedes Zeichen für einen Gegenstand.

[11] Was ich hier prädikative Natur des Begriffes nenne, ist nur ein besonderer Fall der Ergänzungsbedürftigkeit oder Ungesättigtheit, die ich in meiner Schrift *Funktion und Begriff* (Jena 1891) als wesentlich für die Funktion angegeben habe. Dort ließ sich der Ausdruck »die Funktion $f(x)$«

»wenn etwas ein Säugetier ist, so hat es rotes Blut«.

Als ich meine Grundlagen der Arithmetik schrieb, hatte ich den Unterschied zwischen Sinn und Bedeutung noch nicht gemacht[12] und daher unter dem Ausdrucke »beurteilbarer Inhalt« noch das zusammengefaßt, was ich jetzt mit den Wörtern »Gedanke« und »Wahrheitswert« unterscheidend bezeichne. Die dort auf S. 77 gegebene Erklärung billige ich darum ihrem Wortlaute nach nicht mehr ganz, obwohl ich im wesentlichen noch derselben Meinung bin. Wir können kurz sagen, indem wir »Prädikat« und »Subjekt« im sprachlichen Sinne verstehen: Begriff ist Bedeutung eines Prädikates, Gegenstand ist, was nie die ganze Bedeutung eines Prädikates, wohl aber Bedeutung eines Subjekts sein kann. Dabei ist zu bemerken, daß die Wörter »alle«, »jeder«, »kein«, »einige« vor Begriffswörtern stehen. Wir sprechen in den allgemein und partikulär bejahenden und verneinenden Sätzen Beziehungen zwischen Begriffen aus und deuten die besondere Art dieser Beziehung durch jene Wörter an, die also logisch nicht enger mit dem darauffolgenden Begriffsworte zu verbinden, sondern auf den ganzen Satz zu beziehen sind. Man sieht das leicht bei der Verneinung. Wenn in dem Satze

»alle Säugetiere sind Landbewohner«

die Wortverbindung »alle Säugetiere« das logische Subjekt zum Prädikate *sind Landbewohner* ausdrückte, so müßte man, um das Ganze zu verneinen, das Prädikat verneinen: »sind nicht Landbewohner«. Statt dessen ist das »nicht« vor »alle« zu setzen, woraus folgt, daß »alle« logisch zum Prädikate gehört. Dagegen verneinen wir den Satz »der Begriff *Säugetier* ist untergeordnet dem Begriffe *Landbewohner*«, indem wir das Prädikat verneinen: »ist nicht untergeordnet dem Begriff *Landbewohner*«.

Wenn wir festhalten, daß in meiner Redeweise Ausdrücke wie »der Begriff *F*« nicht Begriffe, sondern Gegenstände bezeichnen, so
199 werden die Einwendungen *Kerrys* schon größtenteils hinfällig. Wenn er meint (S. 281), ich habe Begriff und Begriffsumfang identifiziert, so irrt er. Ich habe nur meine Meinung ausgesprochen, man könne in dem Ausdrucke »die Anzahl, welche dem Begriff *F* zukommt, ist der Umfang des Begriffes *gleichzahlig dem Begriffe F*« die

nicht wohl vermeiden, obwohl auch dort die Härte entstand, daß die Bedeutung dieser Worte keine Funktion ist.

[12] Vgl. meinen Aufsatz über Sinn und Bedeutung in der Zeitschrift f. Phil. u. phil. Kritik.

Worte »Umfang des Begriffes« durch »Begriff« ersetzen. Man beachte hierbei wohl, daß dies Wort dann mit dem bestimmten Artikel verbunden ist. Übrigens war dies nur eine beiläufige Bemerkung, auf die ich nichts gegründet habe.

Während es demnach *Kerry* nicht gelingt, die Kluft zwischen Begriff und Gegenstand auszufüllen, könnte man meine eigenen Aussprüche in diesem Sinne verwerten wollen. Ich habe gesagt[13], die Zahlangabe enthalte eine Aussage von einem Begriffe; ich spreche von Eigenschaften, die von einem Begriffe ausgesagt werden, und lasse einen Begriff unter einen höheren fallen[14]. Ich habe die Existenz Eigenschaft eines Begriffes genannt. Wie ich dies meine, wird an einem Beispiele am besten klar werden. In dem Satze »es gibt mindestens eine Quadratwurzel aus 4« wird nicht etwa von der bestimmten Zahl 2 etwas ausgesagt, noch von –2, sondern von einem Begriffe, nämlich *Quadratwurzel aus 4,* daß dieser nicht leer sei. Wenn ich aber denselben Gedanken so ausdrücke: »der Begriff *Quadratwurzel aus 4* ist erfüllt« so bilden die ersten fünf Worte den Eigennamen eines Gegenstandes, und von diesem Gegenstande ist etwas ausgesagt. Aber man beachte wohl, daß diese Aussage nicht dieselbe ist wie die vom Begriffe gemachte. Dies ist nur wunderbar für einen, der verkennt, daß ein Gedanke mannigfach zerlegt werden kann und daß dadurch bald dies, bald jenes als Subjekt und als Prädikat erscheint. Durch den Gedanken selbst ist noch nicht bestimmt, was als Subjekt aufzufassen ist. Wenn man sagt: »das Subjekt dieses Urteils«, so bezeichnet man nur dann etwas Bestimmtes, wenn man zugleich auf eine bestimmte Art der Zerlegung hinweist. Meist tut man dies mit Beziehung auf einen bestimmten Wortlaut. Man darf aber nie vergessen, daß verschiedene Sätze denselben Gedanken ausdrücken können. So könnte man in unserem Gedanken auch eine Aussage von der Zahl 4 finden:

> »die Zahl 4 hat die Eigenschaft, daß es etwas gibt, dessen Quadrat sie ist«.

200 Die Sprache hat Mittel, bald diesen, bald jenen Teil des Gedankens als Subjekt erscheinen zu lassen. Eins der bekanntesten ist die Unterscheidung der Formen des Aktivs und des Passivs. Es ist daher nicht unmöglich, daß derselbe Gedanke bei *einer* Zerlegung als singulärer, bei einer anderen als partikulärer, bei einer dritten als allgemeiner erscheint. Danach darf es nicht Wunder nehmen,

[13] Grundlagen § 46.
[14] Grundlagen § 53.

daß derselbe Satz aufgefaßt werden kann als eine Aussage von einem Begriffe und auch als eine Aussage von einem Gegenstande, wenn nur beachtet wird, daß diese Aussagen verschieden sind. Es ist unmöglich, in dem Satze »es gibt mindestens eine Quadratwurzel aus 4« die Worte »eine Quadratwurzel aus 4« zu ersetzen durch »den Begriff *Quadratwurzel aus 4*«; d.h. die Aussage, die auf den Begriff paßt, paßt nicht auf den Gegenstand. Obgleich unser Satz den Begriff nicht als Subjekt erscheinen läßt, sagt er doch etwas von ihm aus. Man kann es so auffassen, als werde das Fallen eines Begriffes unter einen höheren[15] ausgedrückt. Aber hierdurch wird der Unterschied zwischen Gegenstand und Begriff keineswegs verwischt. Zunächst bemerken wir, daß in dem Satze »es gibt mindestens eine Quadratwurzel aus 4« der Begriff seine prädikative Natur nicht verleugnet. Man kann sagen »es gibt etwas, was die Eigenschaft hat, mit sich selbst multipliziert 4 zu ergeben«. Folglich kann das nie von einem Gegenstande ausgesagt werden, was hier von dem Begriffe ausgesagt wird; denn ein Eigenname kann nie Prädikatsausdruck sein, wiewohl er Teil eines solchen sein kann. Ich will nicht sagen, es sei falsch, das von einem Gegenstande auszusagen, was hier von einem Begriffe ausgesagt wird; sondern ich will sagen, es sei unmöglich, es sei sinnlos. Der Satz »es gibt Julius Cäsar« ist weder wahr noch falsch, sondern sinnlos, wiewohl der Satz »es gibt einen Mann mit Namen Julius Cäsar« einen Sinn hat; aber hier haben wir auch wieder einen Begriff, wie der unbestimmte Artikel erkennen läßt. Dasselbe haben wir in dem Satze »es gibt nur ein Wien«. Man muß sich nicht dadurch täuschen lassen, daß die Sprache manchmal dasselbe Wort teils als Eigennamen, teils als Begriffswort gebraucht. Das Zahlwort deutet hier an, daß der letzte Fall vorliegt. »Wien« ist hier ebenso Begriffswort wie »Kaiserstadt«. Man kann in diesem Sinne sagen »Triest ist kein Wien«. Wenn wir da-
201 gegen in dem Satze »der Begriff *Quadratwurzel aus 4* ist erfüllt« den durch die ersten fünf Worte gebildeten Eigennamen durch »Julius Cäsar« ersetzen, so erhalten wir einen Satz, der einen Sinn hat, aber falsch ist; denn das Erfülltsein, wie das Wort hier verstanden wird, kann in Wahrheit nur von Gegenständen ganz besonderer Art ausgesagt werden, solchen nämlich, welche durch Eigennamen von der Form »der Begriff *F*« bezeichnet werden können. Die Worte »der Begriff *Quadratwurzel aus 4*« verhalten sich aber in Hinsicht

[15] Ich habe in meinen Grundlagen einen solchen Begriff zweiter Ordnung und in meiner Schrift »Funktion und Begriff« zweiter Stufe genannt, was ich auch hier tun will.

auf ihre Ersetzbarkeit wesentlich anders als die Worte »eine Quadratwurzel aus *4*« in unserem ursprünglichen Satze, d.h. die Bedeutungen dieser beiden Wortverbindungen sind wesentlich verschieden.

Was hier an einem Beispiele gezeigt ist, gilt allgemein: Der Begriff verhält sich wesentlich prädikativ auch da, wo etwas von ihm ausgesagt wird; folglich kann er dort nur wieder durch einen Begriff, niemals durch einen Gegenstand ersetzt werden. Die Aussage also, welche von einem Begriffe gemacht wird, paßt gar nicht auf einen Gegenstand. Die Begriffe zweiter Stufe, unter welche Begriffe fallen, sind wesentlich verschieden von den Begriffen erster Stufe, unter welche Gegenstände fallen. Die Beziehung eines Gegenstandes zu einem Begriffe erster Stufe, unter den er fällt, ist verschieden von der allerdings ähnlichen eines Begriffes erster Stufe zu einem Begriffe zweiter Stufe. Man könnte vielleicht, um dem Unterschiede zugleich mit der Ähnlichkeit gerecht zu werden, sagen, ein Gegenstand falle *unter* einen Begriff erster Stufe, und ein Begriff falle *in* einen Begriff zweiter Stufe. Der Unterschied von Begriff und Gegenstand bleibt also in ganzer Schroffheit bestehen.

Hiermit hängt zusammen, was ich im § 53 meiner Grundlagen über meine Gebrauchsweise der Wörter »Eigenschaft« und »Merkmal« gesagt habe. *Kerrys* Ausführungen veranlassen mich, noch einmal darauf zurückzukommen. Jene Wörter dienen zur Bezeichnung von Beziehungen in Sätzen wie »Φ ist Eigenschaft von Γ« und »Φ ist Merkmal von Ω«. Nach meiner Redeweise kann etwas zugleich Eigenschaft und Merkmal sein, aber nicht von demselben. Ich nenne die Begriffe, unter die ein Gegenstand fällt, seine Eigenschaften, so dass

»Φ zu sein ist eine Eigenschaft von Γ«

nur eine andere Wendung ist für

»Γ fällt unter den Begriff des Φ«.

Wenn der Gegenstand Γ die Eigenschaften Φ, X und Ψ hat, so kann ich diese in Ω zusammenfassen, so daß es dasselbe ist, ob ich sage, Γ
202 habe die Eigenschaft Ω, oder ob ich sage, Γ habe die Eigenschaften Φ und X und Ψ. Ich nenne dann Φ, X und Ψ Merkmale des Begriffes Ω und zugleich Eigenschaften von Γ. Es ist klar, daß die Beziehung von Φ zu Γ ganz verschieden ist von der zu Ω, und daß darum eine verschiedene Benennung geboten ist. Γ fällt unter den Begriff Φ; aber Ω, das selber ein Begriff ist, kann nicht unter den Begriff erster Stufe Φ fallen, sondern könnte nur zu einem Begriffe zweiter

Stufe in einer ähnlichen Beziehung stehen. Dagegen ist Ω dem Φ untergeordnet.

Betrachten wir hierzu ein Beispiel! Statt zu sagen:

»2 ist eine positive Zahl« und
»2 ist eine ganze Zahl« und
»2 ist kleiner als 10«,

können wir auch sagen

»2 ist eine positive ganze Zahl kleiner als 10«.

Hier erscheinen

eine positive Zahl zu sein,
eine ganze Zahl zu sein,
kleiner als 10 zu sein

als Eigenschaften des Gegenstandes 2, zugleich aber als Merkmale des Begriffes

positive ganze Zahl kleiner als 10.

Dieser ist weder positiv, noch eine ganze Zahl, noch kleiner als 10. Er ist zwar untergeordnet dem Begriffe *ganze Zahl,* aber er fällt nicht unter ihn.

Vergleichen wir nun hiermit, was *Kerry* im 2. Artikel S. 424[*] sagt: »Man versteht unter der Zahl 4 das Resultat der additiven Verknüpfung von 3 und 1. Der Begriffsgegenstand des hiermit angegebenen Begriffes ist das Zahlenindividuum 4, eine ganz bestimmte Zahl der natürlichen Zahlenreihe. Dieser Gegenstand trägt offenbar genau die in seinem Begriffe genannten Merkmale an sich und – falls man, wie man wohl muß, davon absteht, die unendlich vielen Beziehungen, in denen er zu allen anderen Zahlenindividuen steht, ihm als *propria* anzurechnen – keine anderen sonst: ›die‹ 4 ist gleichfalls das Resultat der additiven Verknüpfung von 3 und 1.«

Man erkennt sogleich, daß der von mir gemachte Unterschied zwischen Eigenschaft und Merkmal hier ganz verwischt ist. *Kerry* unterscheidet hier zwischen der Zahl 4 und »der« Zahl 4. Ich muß gestehen, daß mir dieser Unterschied unfaßbar ist. Die Zahl 4 soll Begriff sein; »die« Zahl 4 soll Begriffsgegenstand und nichts anderes sein als das Zahlenindividuum 4. Daß hier meine Unterschei-
203 dung von Begriff und Gegenstand nicht vorliegt, braucht nicht be-

* [Das Original zitiert irrtümlich S. 224.]

gründet zu werden. Es scheint fast, als ob *Kerry* hier – wenn auch ganz dunkel – der Unterschied vorschwebt, den ich mache zwischen dem Sinne und der Bedeutung der Worte »die Zahl 4«[16]. Aber nur von der Bedeutung kann man sagen, sie sei das Resultat der additiven Verknüpfung von 3 und 1.

Wie soll denn das »ist« verstanden werden in den Sätzen »die Zahl 4 ist das Resultat der additiven Verknüpfung von 3 und 1« und »›die‹ Zahl 4 ist das Resultat der additiven Verknüpfung von 3 und 1«? Ist es bloße Kopula, oder hilft es eine logische Gleichung ausdrücken? In jenem Falle müßte »das« vor »Resultat« fehlen und die Sätze würden etwa lauten:

»die Zahl 4 ist Resultat der additiven Verknüpfung von 3 und 1« und

»›die‹ Zahl 4 ist Resultat der additiven Verknüpfung von 3 und 1«.

Wir hätten dann den Fall, daß die von *Kerry* mit

»die Zahl 4« und »›die‹ Zahl 4«

bezeichneten Gegenstände unter den Begriff

Resultat der additiven Verknüpfung von 3 und 1

fielen. Es würde sich dann nur fragen, wodurch sich diese Gegenstände unterscheiden. Ich gebrauche hier die Wörter »Gegenstand« und »Begriff« in der mir geläufigen Weise. Was *Kerry* sagen zu wollen scheint, würde ich so ausdrücken:

»die Zahl 4 hat das und nur das als Eigenschaft, was der Begriff

Resultat der additiven Verbindung von 3 und 1

als Merkmal hat.«

Den Sinn des ersten unserer beiden Sätze würde ich dann so ausdrücken:

»eine Zahl 4 zu sein ist dasselbe wie Resultat der additiven Verknüpfung von 3 und 1 zu sein«;

und dann könnte das, was ich eben als Meinung *Kerrys* vermutete, auch so gegeben werden:

»die Zahl 4 hat das und nur das als Eigenschaft, was der Begriff

Zahl 4

als Merkmal hat.«

[16] Man vgl. meinen oben angeführten Aufsatz über Sinn und Bedeutung.

Ob dies wahr ist, kann hier unentschieden bleiben. Bei den
204 Worten »›die‹ Zahl 4« könnten wir dann den bestimmten Artikel aus den Gänsefüßchen entlassen.

Aber bei diesen Deutungsversuchen haben wir vorausgesetzt, daß die bestimmten Artikel vor »Resultat« und »Zahl 4« wenigstens in einem der beiden Sätze nur aus Versehen gesetzt wären. Nehmen wir die Worte, wie sie sind, so kann man ihren Sinn nur als logische Gleichung auffassen, wie

»die Zahl 4 ist nichts anderes als das Resultat der additiven Verknüpfung von 3 und 1«.

Der bestimmte Artikel vor »Resultat« ist hier logisch nur gerechtfertigt, wenn anerkannt ist, 1. daß es ein solches Resultat gibt, 2. daß es nicht mehr als eins gibt. Dann bezeichnet diese Wortverbindung einen Gegenstand und ist als Eigenname aufzufassen. Wenn unsere beiden Sätze als logische Gleichungen zu verstehen wären, so würde aus ihnen folgen, da die rechten Seiten übereinstimmen, die Zahl 4 sei ›die‹ Zahl 4, oder, wenn man lieber will, die Zahl 4 sei nichts anderes als ›die‹ Zahl 4, womit der von *Kerry* gemachte Unterschied als hinfällig bewiesen wäre. Doch es ist hier nicht meine Aufgabe, Widersprüche in seiner Darstellung nachzuweisen. Was er unter den Wörtern »Gegenstand« und »Begriff« versteht, geht mich hier eigentlich nichts an; ich will hiermit nur meine eigene Gebrauchsweise dieser Wörter in ein helleres Licht setzen und dabei zeigen, daß sie von seiner jedenfalls abweicht, mag diese nun mit sich zusammenstimmen oder nicht.

Ich bestreite *Kerry* durchaus nicht das Recht, die Wörter »Gegenstand« und »Begriff« in seiner Weise zu gebrauchen, möchte mir aber das gleiche Recht wahren und behaupten, daß ich mit meiner Bezeichnung einen Unterschied von der höchsten Wichtigkeit gefaßt habe. Der Verständigung mit dem Leser steht freilich ein eigenartiges Hindernis im Wege, daß nämlich mit einer gewissen sprachlichen Notwendigkeit mein Ausdruck zuweilen, ganz wörtlich genommen, den Gedanken verfehlt, indem ein Gegenstand genannt wird, wo ein Begriff gemeint ist. Ich bin mir völlig bewußt, in solchen Fällen auf ein wohlwollendes Entgegenkommen des Lesers angewiesen zu sein, welcher mit einem Körnchen Salz nicht spart.

Man denkt vielleicht, diese Schwierigkeit sei künstlich gemacht, man brauche etwas so Unhandliches wie das, was ich Begriff genannt habe, gar nicht in Betracht zu ziehen, und könne mit *Kerry* das Fallen eines Gegenstandes unter einen Begriff als eine Beziehung ansehen, in welcher das *ein*mal als Gegenstand erscheinen

205 könne, was ein andermal als Begriff auftrete. Die Wörter »Gegenstand« und »Begriff« dienten dann nur dazu, die verschiedene Stellung in der Beziehung anzudeuten. Das kann man tun; wer aber hiermit die Schwierigkeit vermieden glaubt, irrt sehr. Sie ist nur verschoben; denn von den Teilen eines Gedankens dürfen nicht alle abgeschlossen sein, sondern mindestens einer muß irgendwie ungesättigt oder prädikativ sein, sonst würden sie nicht aneinander haften. So haftet z.B. der Sinn der Wortverbindung »die Zahl 2« nicht an dem des Ausdrucks »der Begriff *Primzahl*« ohne ein Bindemittel. Ein solches wenden wir an in dem Satze »die Zahl 2 fällt unter den Begriff *Primzahl*«. Es ist enthalten in den Worten »fällt unter«, die in doppelter Weise einer Ergänzung bedürfen: durch ein Subjekt und einen Akkusativ; und nur durch diese Ungesättigtheit ihres Sinnes sind sie fähig, als Bindemittel zu dienen. Erst wenn sie in dieser doppelten Hinsicht ergänzt sind, haben wir einen abgeschlossenen Sinn, haben wir einen Gedanken. Ich sage nun von solchen Worten oder Wortverbindungen, daß sie eine Beziehung bedeuten. Nun haben wir bei der Beziehung dieselbe Schwierigkeit, die wir beim Begriffe vermeiden wollten; denn mit den Worten »die Beziehung des Fallens eines Gegenstandes unter einen Begriff« bezeichnen wir keine Beziehung, sondern einen Gegenstand, und die drei Eigennamen »die Zahl 2«, »der Begriff *Primzahl*«, »die Beziehung des Fallens eines Gegenstandes unter einen Begriff« verhalten sich ebenso spröde zueinander wie die beiden ersten allein; wie wir sie auch zusammenstellen, wir erhalten keinen Satz. So erkennen wir leicht, daß die Schwierigkeit, welche in der Ungesättigtheit eines Gedankenteils liegt, sich wohl verschieben, aber nicht vermeiden läßt. »Abgeschlossen« und »ungesättigt« sind zwar nur bildliche Ausdrücke, aber ich will und kann hier ja nur Winke geben.

Die Verständigung mag erleichtert werden, wenn der Leser meine Schrift *Funktion und Begriff* vergleicht. Bei der Frage nämlich, was man in der Analysis Funktion nenne, stößt man auf dasselbe Hemmnis; und bei eindringender Betrachtung wird man finden, daß es in der Sache selbst und in der Natur unserer Sprache begründet ist, daß sich eine gewisse Unangemessenheit des sprachlichen Ausdrucks nicht vermeiden läßt und daß nichts übrig bleibt, als sich ihrer bewußt zu werden und ihr immer Rechnung zu tragen.

Was ist eine Funktion?

(Festschrift f. L.Boltzmann, 1904, S. 656–666)

656 Welche Bedeutung das Wort »Funktion«[1] in der Analysis habe, ist noch nicht über jeden Zweifel erhaben, obwohl es seit langer Zeit in häufigem Gebrauche steht. In den Erklärungen finden wir zwei Ausdrücke immer wiederkehrend, teils miteinander verbunden, teils einzeln, den des Rechnungsausdrucks und den der Veränderlichen. Auch bemerken wir einen schwankenden Sprachgebrauch, indem bald das, was die Art der Abhängigkeit bestimmt oder vielleicht die Art der Abhängigkeit selbst, bald die abhängig Veränderliche Funktion genannt wird.

In neuerer Zeit überwiegt in den Definitionen das Wort »Veränderliche«. Aber dieses ist selbst der Erklärung sehr bedürftig. Jede Veränderung geht in der Zeit vor sich. Danach müßte sich die Analysis mit einem zeitlichen Geschehen beschäftigen, indem sie Veränderliche ihrer Betrachtung unterwirft. Nun hat sie aber mit der Zeit nichts zu schaffen; denn daß sie auf zeitliche Vorgänge angewendet werden kann, tut nichts zur Sache. Auch kommen Anwendungen der Analysis auf Geometrie vor, bei denen die Zeit ganz außer Betracht bleibt. Dies ist eine Hauptschwierigkeit, auf die wir immer wieder stoßen, wenn wir an der Hand von Beispielen der Sache auf den Grund kommen wollen. Denn sobald wir versuchen, eine Veränderliche anzugeben, werden wir auf etwas verfallen, was sich in der Zeit ändert und also der reinen Analysis nicht angehört. Und doch muß es möglich sein, eine Veränderliche aufzuzeigen, die nichts der Arithmetik Fremdes mit sich führt, wenn überhaupt Veränderliche Gegenstände der Analysis sind.

657 Liegt so schon in der Veränderung eine Schwierigkeit, so stoßen wir auf eine neue, wenn wir fragen, was sich verändere. Man erhält zunächst als Antwort: eine Größe. Suchen wir ein Beispiel! Wir können einen Stab eine Größe nennen, sofern er lang ist. Jede Veränderung des Stabes hinsichtlich seiner Länge, wie sie z.B. durch Erwärmung erfolgen kann, geht in der Zeit vor sich; und weder Stäbe noch Längen sind Gegenstände der reinen Analysis. Dieser Versuch, eine veränderliche Größe in der Analysis aufzuzeigen, mißlingt; und ebenso müssen viele andere mißlingen; denn weder Längen-

[1] Diese Betrachtung soll auf Funktionen mit einem einzigen Argument beschränkt sein.

größen, noch Flächengrößen, noch Winkelgrößen, noch Massengrößen sind Gegenstände der Arithmetik. Von allen Größen gehören allein die Zahlen ihr an. Und gerade weil diese Wissenschaft es ganz dahingestellt sein läßt, durch Messung welcher Größen die Zahlen im einzelnen Falle gewonnen sind, ist sie der mannigfachsten Anwendung fähig. Wir fragen also: Sind die Veränderlichen der Analysis veränderliche Zahlen? Was sollten sie auch anderes sein, wenn sie überhaupt der Analysis angehören sollen? Wie kommt es aber, daß man fast nie »veränderliche Zahl« sagt, dagegen oft »veränderliche Größe«? Dieser Ausdruck klingt annehmbarer als »veränderliche Zahl«; denn es steigt hierbei der Zweifel auf: Gibt es denn veränderliche Zahlen? Behält nicht jede Zahl ihre Eigenschaften unverändert bei? Nun, sagt man wohl, 3 und π sind selbstverständlich unveränderliche Zahlen, Konstante; aber es gibt doch auch veränderliche. Wenn ich z.B. sage »die Zahl, die in Millimetern die Länge dieses Stabes angibt«, so benenne ich eine Zahl, und diese ist veränderlich, da der Stab nicht immer dieselbe Länge beibehält; also habe ich mit jenem Ausdrucke eine veränderliche Zahl bezeichnet. Vergleichen wir dies Beispiel mit folgendem! Wenn ich sage »der König dieses Reiches«, so bezeichne ich einen Menschen. Vor zehn Jahren war der König dieses Reiches ein Greis, jetzt ist der König dieses Reiches ein Jüngling. Ich habe also mit jenem Ausdrucke einen Menschen bezeichnet, der ein Greis war und nun ein Jüngling ist. Hier muß ein Fehler sein. Der Ausdruck »der König dieses Reiches« bezeichnet ohne Zeitangabe überhaupt keinen Menschen; sobald aber eine Zeitangabe hinzugefügt wird, kann er einen Men-
658 schen unzweideutig bezeichnen; dann ist aber diese Zeitangabe notwendiger Bestandteil des Ausdrucks, und wir erhalten einen anderen Ausdruck, wenn wir eine andere Zeitangabe machen. Wir haben also in unseren beiden Sätzen gar nicht dasselbe Subjekt der Aussage. Ebenso bezeichnet der Ausdruck »die Zahl, die in Millimetern die Länge dieses Stabes angibt«, ohne Zeitangabe gar keine Zahl. Wenn eine Zeitangabe hinzugefügt wird, kann eine Zahl, z.B. 1000, dadurch bezeichnet werden; diese ist dann aber unveränderlich. Bei einer anderen Zeitangabe erhalten wir einen anderen Ausdruck, der nun auch eine andere Zahl, z.B. 1001, bezeichnen kann. Wenn wir sagen: »Vor einer halben Stunde war die Zahl, die in Millimetern die Länge dieses Stabes angab, eine Kubikzahl; jetzt ist die Zahl, die in Millimetern die Länge dieses Stabes angibt, keine Kubikzahl«, so haben wir gar nicht dasselbe Subjekt der Aussage. Die 1000 hat sich nicht etwa zur 1001 aufgebläht, sondern ist durch sie ersetzt worden. Oder ist etwa die Zahl 1000 dieselbe wie die Zahl 1001, nur

mit anderem Gesichtsausdrucke? Wenn sich etwas verändert, so haben wir nacheinander verschiedene Eigenschaften, Zustände an demselben Gegenstande. Wäre es nicht derselbe, so hätten wir gar kein Subjekt, von dem wir die Veränderung aussagen könnten. Ein Stab dehnt sich durch Erwärmung aus. Während dies vorgeht, bleibt er derselbe. Wenn er statt dessen weggenommen und durch einen längeren ersetzt würde, so könnte man nicht sagen, daß er sich ausgedehnt habe. Ein Mensch wird älter; aber wenn wir ihn nicht trotzdem als denselben anerkennen könnten, hätten wir nichts, von dem wir das Altern aussagen könnten. Wenden wir das auf die Zahl an! Was bleibt dasselbe, wenn eine Zahl sich verändert? Nichts! Folglich verändert sich die Zahl gar nicht; denn wir haben nichts, von dem wir die Veränderung aussagen könnten. Eine Kubikzahl wird nie zu einer Primzahl, und eine Irrationalzahl wird nie rational.

Es gibt also keine veränderlichen Zahlen, und das wird dadurch bestätigt, daß wir keine Eigennamen für veränderliche Zahlen haben. Der Versuch ist uns mißlungen, mit dem Ausdrucke »die Zahl, die in Millimetern die Länge dieses Stabes angibt«, eine veränderliche Zahl zu bezeichnen. Aber bezeichnen wir nicht mit »*x*«, »*y*«, »*z*«
659 veränderliche Zahlen? Man gebraucht wohl diese Redeweise; aber diese Buchstaben sind nicht Eigennamen veränderlicher Zahlen, wie »2« und »3« Eigennamen konstanter Zahlen sind; denn die Zahlen 2 und 3 unterscheiden sich in angebbarer Weise, wodurch aber unterscheiden sich die mit »*x*« und mit »*y*« angeblich bezeichneten Veränderlichen? Das ist nicht zu sagen. Wir können nicht angeben, welche Eigenschaften *x* habe und welche davon abweichenden Eigenschaften *y* habe. Wenn wir mit den Buchstaben überhaupt etwas verbinden, so ist es bei beiden dieselbe verschwommene Vorstellung. Wo scheinbar Unterschiede erscheinen, handelt es sich um Anwendungen; aber von solchen sprechen wir hier nicht. Da wir nicht vermögen, jede Veränderliche in ihrer Besonderheit aufzufassen, können wir den Veränderlichen keine Eigennamen beilegen.

Einige der angeführten Schwierigkeiten hat Herr *E. Czuber* zu vermeiden gesucht[2]. Um die Zeit loszuwerden, erklärt er die Veränderliche als eine unbestimmte Zahl. Aber gibt es unbestimmte Zahlen? Sind die Zahlen einzuteilen in bestimmte und unbestimmte? Gibt es unbestimmte Menschen? Muß nicht jeder Gegenstand bestimmt sein? Aber ist nicht die Zahl *n* unbestimmt? Die Zahl *n* kenne ich nicht. »*n*« ist nicht der Eigenname irgendeiner Zahl, we-

[2] Vorlesungen über Differential- und Integralrechnung, Leipzig, *Teubner,* 1. § 2.

der einer bestimmten, noch einer unbestimmten. Und doch sagt man zuweilen »die Zahl *n*«. Wie ist das möglich? Solcher Ausdruck muß im Zusammenhang betrachtet werden. Nehmen wir ein Beispiel! »Wenn die Zahl *n* gerade ist, so ist $\cos n\pi = 1$.« Hier hat nur das Ganze einen Sinn, weder der Bedingungssatz für sich noch der Folgesatz für sich. Die Frage, ob die Zahl *n* gerade sei, kann gar nicht beantwortet werden, ebensowenig, ob $\cos n\pi = 1$ sei. Dazu müßte »*n*« ein Eigenname einer Zahl sein, die dann notwendig eine bestimmte wäre. Man schreibt den Buchstaben »*n*«, um Allgemeinheit zu erzielen. Voraussetzung ist dabei, daß, wenn man ihn durch den Eigennamen einer Zahl ersetzt, sowohl der Bedingungssatz als auch der Folgesatz einen Sinn erhält.

660 Freilich kann man hier von Unbestimmtheit reden; doch ist »unbestimmt« hier kein Beiwort zu »Zahl«, sondern ein Adverb etwa zu »andeuten«. Man kann nicht sagen, daß »*n*« eine unbestimmte Zahl bezeichne, wohl aber, daß es Zahlen unbestimmt andeute. Und so ist es immer, wo Buchstaben in der Arithmetik gebraucht werden, mit Ausnahme der wenigen Fälle (π, e, i), wo sie als Eigennamen auftreten; dann bezeichnen sie aber bestimmte, unveränderliche Zahlen. Es gibt also keine unbestimmten Zahlen, und dieser Versuch des Herrn *Czuber* ist mißlungen.

Zweitens sucht er dem Mangel abzuhelfen, daß man keine Veränderliche von anderen unterscheidend fassen kann. Er nennt die Gesamtheit der Werte, die eine Variable annehmen kann, den Bereich der Variablen und sagt: »Die Variable *x* gilt als definiert, wenn von jeder reellen Zahl, die man bezeichnet, festgesetzt werden kann, ob sie dem Bereiche angehört oder nicht«. Sie gilt als definiert; aber ist sie es auch? Da es keine unbestimmten Zahlen gibt, ist es unmöglich, irgendeine unbestimmte Zahl zu definieren. Der Bereich wird als das die Variable Kennzeichnende hingestellt. Danach hätten wir bei demselben Bereiche dieselbe Variable. Folglich wäre bei der Gleichung »$y = x^2$« *y* dieselbe Variable wie *x*, wenn der Bereich von *x* der der positiven Zahlen ist.

Dieser Versuch muß als gescheitert betrachtet werden, zumal der Ausdruck »eine Variable nimmt einen Wert an« ganz unklar ist. Eine Variable soll eine unbestimmte Zahl sein. Wie macht es nun eine unbestimmte Zahl, eine Zahl anzunehmen? Denn der Wert ist offenbar eine Zahl. Nimmt etwa auch ein unbestimmter Mensch einen bestimmten an? Sonst sagt man wohl, daß ein Gegenstand eine Eigenschaft annehme; hier muß die Zahl beide Rollen spielen; als Gegenstand wird sie Variable oder veränderliche Größe, als Eigenschaft wird sie Wert genannt. Darum also zieht man das Wort »Größe« dem Worte »Zahl« vor, weil man sich darüber täuschen muß, daß die veränderliche Größe und der Wert, den sie angeblich annimmt, im Grunde dasselbe sind, daß man gar nicht den Fall hat, wo ein Gegenstand nacheinander verschiedene Eigenschaften annimmt, daß also von Veränderung in keiner Weise die Rede sein kann.

661 Hinsichtlich der Veränderlichen hat sich uns folgendes ergeben. Veränderliche Größen können zwar anerkannt werden, gehören aber nicht der reinen Analysis an. Veränderliche Zahlen gibt es nicht. Das Wort »Veränderliche« hat mithin in der reinen Analysis keine Berechtigung.

Wie gelangen wir nun von der Variablen zur Funktion? Dies wird wohl im wesentlichen immer in derselben Weise geschehen, und wir folgen darum der Darstellung des Herrn *Czuber,* er schreibt im § 3:

»Wenn jedem Wert der reellen Variablen x, welcher ihrem Bereiche angehört, eine bestimmte Zahl y zugeordnet ist, so ist y im allgemeinen auch als Variable definiert und wird eine *Funktion der reellen Variablen x* genannt. Man drückt diesen Sachverhalt durch eine Gleichung von der Form $y = f(x)$ aus.«

Hier fällt zunächst auf, daß y eine bestimmte Zahl genannt wird, während es doch als Variable eine unbestimmte sein müßte. y ist weder eine bestimmte noch eine unbestimmte Zahl; sondern das Zeichen »y« ist fehlerhafterweise mehreren Zahlen beigelegt worden, und nachher wird doch so gesprochen, als ob es nur eine einzige wäre. Einfacher und klarer wäre der Fall wohl so darzustellen: Jeder Zahl eines x-Bereiches ist eine Zahl zugeordnet. Die Gesamtheit dieser Zahlen nenne ich den y-Bereich. Freilich haben wir so zwar einen y-Bereich, aber kein y, von dem wir sagen könnten, daß es eine Funktion der reellen Variablen x sei.

Nun scheint die Abgrenzung der Bereiche für die Frage nach dem Wesen der Funktion unwesentlich zu sein. Warum können wir nicht gleich die Gesamtheit der reellen Zahlen oder die Gesamtheit der komplexen Zahlen mit Einschluß der reellen als Bereich annehmen? Der Kern der Sache liegt doch wohl ganz woanders, nämlich in dem Worte »zugeordnet« verborgen. Nun, woran merke ich, ob die Zahl 5 der Zahl 4 zugeordnet sei? Die Frage ist unbeantwortbar, wenn sie nicht irgendwie ergänzt wird. Und doch scheint es nach der *Czuberschen* Erklärung so, als ob es für je zwei Zahlen ohne weiteres bestimmt sei, ob die erste der zweiten zugeordnet sei oder nicht. Glücklicherweise fügt Herr *Czuber* die Bemerkung hinzu:

662 »Über das *Gesetz* der Zuordnung, das in allgemeinster Weise durch die *Charakteristik f* angedeutet ist, enthält die obige Definition keine Aussage; es kann in der mannigfachsten Weise festgesetzt sein.«

Also die Zuordnung geschieht nach einem Gesetze, und es sind verschiedene solche Gesetze denkbar. Nun, dann hat der Ausdruck »y ist eine Funktion von x« keinen Sinn, wenn er nicht durch die Angabe des Gesetzes ergänzt wird, nach dem die Zuordnung geschieht. Dies ist ein Fehler der Definition. Und ist nicht das Gesetz, das die Erklärung als nicht vorhanden behandelt, eigentlich die Hauptsache? Wir bemerken, daß damit die Veränderlichkeit ganz unseren Blicken entschwunden ist, während die Allgemeinheit in unseren Gesichtskreis tritt; denn auf sie deutet das Wort »Gesetz« hin.

Die Unterschiede der Gesetze der Zuordnung werden mit den Unterschieden der Funktionen zusammenhängen, und sie können nicht mehr als quantitative gefaßt werden. Denken wir nur einmal an die algebraischen Funktionen, an die Logarithmusfunktion, an die elliptischen Funktionen, so überzeugen wir uns sofort, daß es sich hier um qualitative Unterschiede handelt; ein Grund mehr, die Funktionen nicht als Veränderliche zu erklären. Wären sie Veränderliche, so wären die elliptischen Funktionen elliptische Veränderliche.

Im allgemeinen drücken wir ein solches Gesetz der Zuordnung durch eine Gleichung aus, auf deren linker Seite der Buchstabe »y« steht, während rechts ein Rechnungsausdruck erscheint, bestehend aus Zahlzeichen, Rechnungszeichen und dem Buchstaben »x«, wie z.B.

»$y = x^2 + 3\,x$«

Als solchen Rechnungsausdruck hat man nun die Funktion definiert. In neuerer Zeit ist dieser Begriff zu eng gefunden worden. Indessen wäre dieser Übelstand durch Einführung neuer Zeichen in die arithmetische Zeichensprache wohl zu vermeiden. Schwerer wiegt ein anderer Einwand, daß nämlich der Rechnungsausdruck als Gruppe von Zeichen gar nicht in die Arithmetik gehört. Die formale Theorie, welche als Gegenstände dieser Wissenschaft die Zeichen ausgibt, kann ich wohl als endgültig abgetan ansehen durch
663 meine Kritik im zweiten Bande meiner Grundgesetze der Arithmetik. Zwischen Zeichen und Bezeichnetem ist nicht immer scharf unterschieden worden, so daß man unter einem Rechnungsausdrucke (*expressio analytica*) halb und halb auch dessen Bedeutung verstanden hat. Was bezeichnet nun »$x^2 + 3x$«? Eigentlich gar nichts,

da der Buchstabe »x« Zahlen nur andeutet, nicht bezeichnet. Ersetzen wir »x« durch ein Zahlzeichen, so erhalten wir einen Ausdruck, der eine Zahl bezeichnet, also nichts Neues. Wie »x« selbst deutet »$x^2 + 3x$« nur an. Dies kann geschehen, um Allgemeinheit auszudrücken, wie in den Sätzen

»$x^2 + 3x = x \cdot (x + 3)$«,
»wenn $x > 0$, so ist $x^2 + 3x > 0$«.

Wo bleibt nun aber die Funktion? Weder der Rechnungsausdruck selbst noch seine Bedeutung scheint dafür genommen werden zu können. Und doch sind wir wohl nicht gar zu weit vom Richtigen entfernt. Von den Ausdrücken »sin 0«, »sin 1«, »sin 2« bedeutet jeder eine besondere Zahl; aber wir haben einen gemeinsamen Bestandteil »*sin*«, in dem wir das eigentliche Wesen der Sinusfunktion bezeichnet finden. Dieses »*sin*« entspricht wohl dem »f«, von dem Herr *Czuber* sagt, daß es das Gesetz andeute, und zwar ist der Übergang von »f« zu »*sin*« ähnlich wie der von »a« zu »2« ein Übergang von einem Zeichen, das andeutet, zu einem Zeichen, das bezeichnet. Demnach würde »*sin*« ein Gesetz bedeuten. Das stimmt freilich nicht ganz. Das Gesetz scheint uns eher in der Gleichung »$y = \sin x$« ausgedrückt zu sein, von der das Zeichen »*sin*« nur ein Teil ist, allerdings der die Besonderheit des Gesetzes kennzeichnende. Und haben wir hier nicht das, was wir suchen, die Funktion? Also wird auch »f« genaugenommen eine Funktion andeuten. Und hier kommen wir auf das, wodurch sich die Funktionen von den Zahlen unterscheiden. Das »*sin*« bedarf nämlich einer Ergänzung durch ein Zahlzeichen, das aber nicht zur Bezeichnung der Funktion gehört. Dies gilt allgemein: das Zeichen einer Funktion ist ungesättigt, bedarf der Ergänzung durch ein Zahlzeichen, das wir dann Argumentzeichen nennen. Wir sehen dies auch beim Wurzelzeichen,
664 beim Logarithmuszeichen. Die Funktionszeichen können nicht wie die Zahlzeichen auf einer Seite einer Gleichung allein vorkommen, sondern nur ergänzt durch ein Zeichen, das eine Zahl bezeichnet oder andeutet. Was bedeutet nun eine solche Verbindung aus einem Funktionszeichen und einem Zahlzeichen, wie »sin 1«, »$\sqrt{1}$«, »$l\,1$«? Jedesmal eine Zahl. So erhalten wir Zahlzeichen, die aus zwei ungleichartigen Teilen zusammengesetzt sind, indem der ungesättigte durch den anderen ergänzt wird.

Man kann diese Ergänzungsbedürftigkeit durch leere Klammern sichtbar machen, z.B. »sin ( )« oder »$(\ )^2 + 3\ (\ )$«. Obwohl dies eigentlich das Sachgemäßeste ist und am besten geeignet, der Verwirrung zu wehren, die dadurch entsteht, daß man das Argumentzeichen als Teil des Funktionszeichens ansieht, wird diese Bezeichnung wohl keine Annahme finden[3]. Man kann auch einen Buchstaben zu diesem Zwecke verwenden. Wählen wir als solchen »ξ«, so sind »sin ξ« und »$\xi^2 + 3 \cdot \xi$« Zeichen von Funktionen. Es muß dabei aber festgehalten werden, daß »ξ« hier nur die Aufgabe hat, die Stellen kenntlich zu machen, wo das ergänzende Zeichen einzutreten hat. Man wird gut tun, diesen Buchstaben zu keinem anderen Zwecke zu verwenden, also z.B. nicht statt des »x«, das in unseren Beispielen zum Ausdrucke der Allgemeinheit dient.

Es ist ein Mangel der gebräuchlichen Bezeichnung des Differentialquotienten, daß der Buchstabe »x« dabei sowohl die Argumentstellen kenntlich machen, als auch zum Ausdrucke der Allgemeinheit dienen soll, wie in der Gleichung

$$»\frac{d\cos\frac{x}{2}}{dx} = -\frac{1}{2}\sin\frac{x}{2}«.$$

Daraus ergibt sich eine Schwierigkeit. Nach den allgemeinen Grundsätzen des Buchstabengebrauchs in der Arithmetik müßte man auf einen besonderen Fall kommen, wenn man für »x« ein Zahlzeichen einsetzt. Aber der Ausdruck

$$»\frac{d\cos\frac{2}{2}}{d2}«$$

665 ist unverständlich, weil die Funktion nicht erkennbar ist. Wir wissen nicht, ob sie

$$\cos\frac{(\,)}{2} \text{ oder } \cos\frac{2}{(\,)} \text{ oder } \cos\frac{(\,)}{(\,)}$$

sei. Dadurch sind wir zu der schleppenden Schreibweise

$$»\left(\frac{d\cos\frac{x}{2}}{dx}\right)_{x=2}«$$

genötigt. Der größere Nachteil ist aber wohl der, daß die Einsicht in das Wesen der Funktion dadurch erschwert wird.

[3] Sie ist übrigens nur für den Ausnahmefall gemeint, wo man eine Funktion ganz isoliert bezeichnen will. In »sin 2« bezeichnet »*sin*« allein schon die Funktion.

Der Eigentümlichkeit der Funktionszeichen, die wir Ungesättigtheit genannt haben, entspricht natürlich etwas an den Funktionen selbst. Auch diese können wir ungesättigt nennen und kennzeichnen sie dadurch als grundverschieden von den Zahlen. Freilich ist das keine Definition; aber eine solche ist hier auch nicht möglich[4]. Ich muß mich darauf beschränken, durch einen bildlichen Ausdruck auf das hinzuweisen, was ich meine, und bin dabei auf das entgegenkommende Verständnis des Lesers angewiesen.

Wird eine Funktion durch eine Zahl zu einer Zahl ergänzt, so nennen wir diese den Wert der Funktion für jene als Argument. Man hat sich gewöhnt, die Gleichung »$y = f(x)$« zu lesen: »y ist eine Funktion von x«. Hierin sind zwei Fehler: erstens übersetzt man das Gleichheitszeichen durch die Kopula: zweitens verwechselt man die Funktion mit ihrem Werte für ein Argument. Aus diesen Fehlern ist die Meinung entstanden, die Funktion sei eine Zahl, wenn auch eine veränderliche oder unbestimmte. Wir haben dagegen gesehen, daß es solche Zahlen überhaupt nicht gibt und daß die Funktionen von den Zahlen grundverschieden sind.

Das Streben nach Kürze hat viele ungenaue Ausdrücke in die mathematische Sprache eingeführt, und diese haben rückwirkend
666 die Gedanken getrübt und fehlerhafte Definitionen zuwege gebracht. Die Mathematik sollte eigentlich ein Muster von logischer Klarheit sein. In Wirklichkeit wird man vielleicht in den Schriften keiner Wissenschaft mehr schiefe Ausdrücke und infolgedessen mehr schiefe Gedanken finden als in den mathematischen. Niemals sollte man die logische Richtigkeit der Kürze des Ausdrucks opfern. Deshalb ist es von großer Wichtigkeit, eine mathematische Sprache zu schaffen, die mit strengster Genauigkeit möglichste Kürze verbindet. Dazu wird wohl am besten eine Begriffsschrift geeignet sein, ein Ganzes von Regeln, nach denen man durch geschriebene oder gedruckte Zeichen ohne Vermittlung des Lautes unmittelbar Gedanken auszudrücken vermag.

[4] Die Definition, die *H. Hankel* in seinen Untersuchungen über die unendlich oft oszillierenden und unstetigen Funktionen (Universitätsprogramm, Tübingen 1870) § 1 gibt, ist wegen eines fehlerhaften Zirkels unbrauchbar, indem sie den Ausdruck »$f(x)$« enthält, der zu seiner Erklärung das zu Definierende voraussetzt.

Über die wissenschaftliche Berechtigung einer Begriffsschrift

(Ztschr. f. Philos. und philos. Kritik. NF 81, 1882, S. 48–56)

48 In den abstrakteren Teilen der Wissenschaft macht sich immer aufs neue der Mangel eines Mittels fühlbar, Mißverständnisse bei anderen und zugleich Fehler im eigenen Denken zu vermeiden. Beide haben ihre Ursache in der Unvollkommenheit der Sprache. Denn der sinnlichen Zeichen bedürfen wir nun einmal zum Denken. Unsere Aufmerksamkeit ist von Natur nach außen gerichtet. Die Sinneseindrücke überragen die Erinnerungsbilder an Lebhaftigkeit so sehr, daß sie den Verlauf unserer Vorstellungen zunächst wie bei den Tieren fast allein bestimmen. Und dieser Abhängigkeit würden wir auch kaum je entrinnen können, wenn nicht die Außenwelt auch einigermaßen von uns abhängig wäre. Schon die meisten Tiere haben durch die Fähigkeit der Ortsveränderung einen Einfluß
49 auf ihre Sinneseindrücke: sie können die einen fliehen, die anderen suchen. Und das nicht allein: sie können auch umgestaltend auf die Dinge wirken. Diese Fähigkeit hat nun der Mensch in bei weitem größerem Maße. Dennoch würde unser Vorstellungsverlauf auch dadurch noch nicht die volle Freiheit gewinnen; er würde auf das beschränkt sein, was unsere Hand gestalten, unsere Stimme zu tönen vermag, ohne die große Erfindung der Zeichen, die uns gegenwärtig machen, was abwesend, unsichtbar, vielleicht unsinnlich ist. Ich leugne nicht, daß auch ohne Zeichen die Wahrnehmung eines Dinges einen Kreis von Erinnerungsbildern um sich sammeln kann. Aber wir können diesen nicht weiter nachgehen: eine neue Wahrnehmung läßt diese Bilder in Nacht versinken und andere auftauchen. Wenn wir aber das Zeichen einer Vorstellung hervorbringen, an die wir durch eine Wahrnehmung erinnert werden, so schaffen wir damit einen neuen festen Mittelpunkt, um den sich Vorstellungen sammeln. Von diesen wählen wir wiederum eine aus, um ihr Zeichen hervorzubringen. So dringen wir Schritt für Schritt in die innere Welt unserer Vorstellungen ein und bewegen uns darin nach Belieben, indem wir das Sinnliche selbst benutzen, um uns von seinem Zwange zu befreien. Die Zeichen sind für das Denken von derselben Bedeutung wie für die Schiffahrt die Erfindung, den Wind zu gebrauchen, um gegen den Wind zu segeln. Deshalb verachte niemand die Zeichen! Von ihrer zweckmäßigen Wahl hängt nicht wenig ab. Ihr Wert wird auch dadurch nicht vermindert, daß wir

nach langer Übung nicht mehr nötig haben, das Zeichen wirklich hervorzubringen, daß wir nicht mehr laut zu sprechen brauchen, um zu denken; denn in Worten denken wir trotzdem und wenn nicht in Worten, doch in mathematischen oder andern Zeichen.

Wir würden uns ohne Zeichen auch schwerlich zum begrifflichen Denken erheben. Indem wir nämlich verschiedenen, aber ähnlichen Dingen dasselbe Zeichen geben, bezeichnen wir eigentlich nicht mehr das einzelne Ding, sondern das ihnen Gemeinsame, den Begriff. Und diesen gewinnen wir erst dadurch, daß wir ihn be-
50 zeichnen; denn da er an sich unanschaulich ist, bedarf er eines anschaulichen Vertreters, um uns erscheinen zu können. So erschließt uns das Sinnliche die Welt des Unsinnlichen.

Hiermit sind die Verdienste der Zeichen nicht erschöpft. Es mag indessen genügen, ihre Unentbehrlichkeit darzutun. Die Sprache aber erweist sich als mangelhaft, wenn es sich darum handelt, das Denken vor Fehlern zu bewahren. Sie genügt schon der ersten Anforderung nicht, die man in dieser Hinsicht an sie stellen muß, der, eindeutig zu sein. Am gefährlichsten sind die Fälle, in denen die Bedeutungen des Wortes nur wenig verschieden sind, die leisen und doch nicht gleichgültigen Schwankungen. Von vielen Beispielen mag nur eine durchgehende Erscheinung hier erwähnt werden: dasselbe Wort dient zur Bezeichnung eines Begriffes und eines einzelnen unter diesen fallenden Gegenstandes. Überhaupt ist kein Unterschied zwischen Begriff und Einzelnem ausgeprägt. »Das Pferd« kann ein Einzelwesen, es kann auch die Art bezeichnen, wie in dem Satze: »Das Pferd ist ein pflanzenfressendes Tier.« Pferd kann endlich einen Begriff bedeuten wie in dem Satze: »Dies ist ein Pferd.« Die Sprache ist nicht in der Weise durch logische Gesetze beherrscht, daß die Befolgung der Grammatik schon die formale Richtigkeit der Gedankenbewegung verbürgte. Die Formen, in denen das Folgern ausgedrückt wird, sind so vielfältige, so lose und dehnbare, daß sich leicht Voraussetzungen unbemerkt durchschleichen können, die dann bei der Aufzählung der notwendigen Bedingungen für die Gültigkeit des Schlußsatzes übergangen werden. Dieser erhält so eine größere Allgemeinheit als ihm von Rechts wegen zukommt. Selbst ein so gewissenhafter und strenger Schriftsteller wie *Euklid* macht vielfach stillschweigend von Voraussetzungen Gebrauch, die er weder unter seinen Grundsätzen noch unter den Voraussetzungen des besonderen Satzes aufführt. So benutzt er im Beweise des 19. Satzes des ersten Buches der Elemente (in jedem Dreiecke liegt dem größeren Winkel die größere Seite gegenüber) stillschweigend die Sätze:

1. Wenn eine Strecke nicht größer als eine andere ist, so ist sie gleich dieser oder kleiner als diese.
51 2. Wenn ein Winkel gleich einem andern ist, so ist er nicht größer als dieser.
3. Wenn ein Winkel kleiner als ein anderer ist, so ist er nicht größer als dieser,

Der Leser wird indessen das Überspringen dieser Sätze nur bei besonderer Aufmerksamkeit gewahr, zumal weil sie den Denkgesetzen selbst an Ursprünglichkeit so nahe zu kommen scheinen, daß sie wie jene selbst gebraucht werden. Ein streng abgegrenzter Kreis von Formen des Schließens ist in der Sprache eben nicht vorhanden, so daß ein lückenloser Fortgang an der sprachlichen Form von einem Überspringen von Zwischengliedern nicht zu unterscheiden ist. Man kann sogar sagen, daß ersterer in der Sprache fast nicht vorkommt, daß er dem Sprachgefühle widerstrebt, weil er mit einer unerträglichen Weitschweifigkeit verbunden wäre. Die logischen Verhältnisse werden durch die Sprache fast immer nur angedeutet, dem Erraten überlassen, nicht eigentlich ausgedrückt.

Das geschriebene hat vor dem gesprochenen Worte nur die Dauer voraus. Man kann einen Gedankengang mehrmals überblicken, ohne eine Veränderung befürchten zu müssen, und ihn so gründlicher auf seine Bündigkeit prüfen. Die Regeln der Logik werden hierbei wie eine Richtschnur äußerlich angelegt, da in dem Wesen der Wortschrift selbst keine genügende Gewähr liegt. Aber auch so entgehen leicht Fehler dem Auge des Prüfenden, besonders solche, die aus leichten Verschiedenheiten der Bedeutung eines Wortes entspringen. Daß wir trotzdem im Leben wie in der Wissenschaft noch so leidlich uns zurechtfinden, verdanken wir den mannigfachen Mitteln der Nachprüfung, die uns meistens zu Gebote stehen. Die Erfahrung, die räumliche Anschauung bewahren uns vor vielen Fehlern. Die logischen Regeln gewähren hingegen wenig Schutz, wie Beispiele aus solchen Gebieten zeigen, in denen die Mittel der Nachprüfung zu versagen anfangen. Diese Regeln haben auch große Phi-
52 losophen nicht vor Irrtümern bewahrt, und ebensowenig haben sie die höhere Mathematik von Fehlern immer freigehalten, weil sie dem Inhalte stets äußerlich bleiben.

Die hervorgehobenen Mängel haben ihren Grund in einer gewissen Weichheit und Veränderlichkeit der Sprache, die andererseits Bedingung ihrer Entwicklungsfähigkeit und vielseitigen Tauglichkeit ist. Die Sprache kann in dieser Hinsicht mit der Hand verglichen werden, die uns trotz ihrer Fähigkeit, sich den verschiedensten Aufgaben anzupassen, nicht genügt. Wir schaffen uns künstliche Hände, Werkzeuge für besondere Zwecke, die so genau arbeiten, wie die Hand es nicht vermöchte. Und wodurch wird diese Genauigkeit möglich? Durch eben die Starrheit, die Unveränderlichkeit der Teile, deren Mangel die Hand so vielseitig geschickt macht. So genügt auch die Wortsprache nicht. Wir bedürfen eines Ganzen von Zeichen, aus dem jede Vieldeutigkeit verbannt ist, dessen strenger logischer Form der Inhalt nicht entschlüpfen kann.

Es fragt sich nun, ob die Zeichen fürs Ohr oder die fürs Auge den Vorzug verdienen. Die ersteren bieten zunächst den Vorteil, daß man bei ihrer Hervorbringung von äußeren Umständen unabhängiger ist. Dann kann besonders die nähere Verwandtschaft der Klänge zu den inneren Vorgängen geltend gemacht werden. Schon die Form des Erscheinens ist für beide die zeitliche Folge; beide sind gleich vergänglich. Insbesondere zum Gemütsleben haben die Töne eine innigere Beziehung als Gestalten und Farben; und die menschliche Stimme in ihrer unendlichen Biegsamkeit vermag auch den feinsten Mischungen und Abwandlungen der Gefühle gerecht zu werden. Aber wie wertvoll diese Vorzüge auch für andere Zwecke sein mögen, für die Strenge der Schlußfolgerungen sind sie ohne Bedeutung. Dies enge Anschmiegen der hörbaren Zeichen an die leiblichen und seelischen Bedingungen der Vernunft hat vielleicht gerade den Nachteil, diese von jenen abhängiger zu erhalten.

Ganz anders ist das Sichtbare, sind besonders die Gestalten beschaffen. Sie sind im allgemeinen scharf begrenzt und deutlich un-
53 terschieden. Diese Bestimmtheit des geschriebenen Zeichens wird dahin führen, auch das Bezeichnete schärfer auszuprägen. Und gerade solche Wirkung auf die Vorstellungen muß für die Strenge des Schließens erwünscht sein. Sie kann aber nur erzielt werden, wenn das Zeichen unmittelbar die Sache bedeutet.

Ein weiterer Vorzug des Geschriebenen ist die größere Dauer und Unveränderlichkeit. Auch hierin ist es dem Begriffe ähnlich, wie er sein soll, um so unähnlicher freilich dem rastlosen Fließen unserer wirklichen Gedankenbewegung. Die Schrift bietet die Möglichkeit, vieles gleichzeitig gegenwärtig zu halten, und wenn wir auch nur einen kleinen Teil davon in jedem Augenblicke ins Auge fassen können, so behalten wir doch einen allgemeinen Eindruck auch vom übrigen, und dieses steht, wann wir es brauchen, sofort zu unserer Verfügung. Die Lagenverhältnisse der Schriftzeichen auf der zweifach ausgedehnten Schreibfläche können in weit mannigfacherer Weise zum Ausdruck innerer Beziehungen verwendet werden als das bloße Folgen und Vorhergehen in der einfach ausgedehnten Zeit, und dies erleichtert die Auffindung dessen, worauf wir unsere Aufmerksamkeit gerade richten wollen. In der Tat entspricht ja auch die einfache Reihung in keiner Weise der Mannigfaltigkeit der logischen Beziehungen, durch welche die Gedanken untereinander verknüpft sind.

So sind gerade die Eigenschaften, durch welche sich die Schrift von dem Vorstellungsverlaufe weiter entfernt, am meisten geeignet, gewissen Mängeln unserer Anlage abzuhelfen. Wenn es sich nicht darum handelt, das natürliche Denken darzustellen. wie es sich in Wechselwirkung mit der Wortsprache gestaltet hat, sondern dessen Einseitigkeiten zu ergänzen, die sich aus dem engen Anschluß an den einen Sinn des Gehörs ergeben haben, so wird demnach die Schrift dem Laute vorzuziehen sein. Eine solche Schrift muß, um die eigentümlichen Vorzüge sichtbarer Zeichen auszunutzen, von allen Wortsprachen gänzlich verschieden sein. Daß diese Vorzüge in der Wortschrift fast gar nicht zur Geltung kommen, bedarf kaum
54 der Erwähnung. Die gegenseitige Lage der Wörter auf der Schreibfläche hängt zum großen Teile von der Länge der Zeilen ab und ist insofern bedeutungslos. Es gibt aber schon andere Arten der Schrift, die jene Vorteile besser ausnutzen. Die arithmetische Formelsprache ist eine Begriffsschrift, da sie ohne Vermittlung des Lautes unmittelbar die Sache ausdrückt. Als solche erreicht sie die Kürze, welche den Inhalt eines einfachen Urteils in einer Zeile unterzubringen gestattet. Solche Inhalte – hier Gleichungen oder Ungleichungen – werden so, wie sie auseinander folgen, untereinander geschrieben. Wenn aus zweien ein dritter folgt, trennt man den dritten durch einen horizontalen Strich, der mit »folglich« übersetzt werden kann, von den beiden ersten. In dieser Weise wird die zweifache Ausdehnung der Schreibfläche für die Übersichtlichkeit verwertet. Das Folgern ist hier sehr einförmig und beruht fast immer darauf, daß gleiche Veränderungen mit gleichen Zahlen vorgenommen auf gleiche Ergebnisse führen. Dies ist nun freilich durchaus nicht die einzige Weise des Schließens in der Arithmetik. Aber, wenn der logische Fortgang anders geschieht, wird es meistens nötig sein, ihn durch Worte auszudrücken. Es fehlen demnach der arithmetischen Formelsprache Ausdrücke für logische Verknüpfungen; und deshalb verdient sie den Namen einer Begriffsschrift nicht im vollen Sinne. Gerade umgekehrt ist es bei der von *Leibniz*[1] herrührenden Bezeichnungsweise logischer Beziehungen, die in neuerer Zeit von *Boole, R. Graßmann, St. Jevons, E. Schröder* und andern erneu-

[1] Non inelegans specimen demonstrandi in abstractis. Erdm. S. 94.

ert ist. Hier hat man zwar die logischen Formen, obwohl nicht ganz vollständig; es fehlt aber der Inhalt. Jeder Versuch, hier an die Stelle der einfachen Buchstaben Ausdrücke von Inhalten, etwa analytische Gleichungen, zu setzen, würde durch die Unübersichtlichkeit, Schwerfälligkeit, ja Vieldeutigkeit der entstehenden Formeln zeigen, wie wenig geeignet diese Bezeichnungsweise zur Bildung einer
55 wahren Begriffsschrift ist. Von einer solchen möchte ich folgendes verlangen: Sie muß für die logischen Beziehungen einfache Ausdrucksweisen haben, die, an Zahl auf das Notwendige beschränkt, leicht und sicher zu beherrschen sind. Diese Formen müssen geeignet sein, sich mit einem Inhalte auf das Innigste zu verbinden. Dabei muß solche Kürze erstrebt werden, daß die zweifache Ausdehnung der Schreibfläche für die Übersichtlichkeit der Darstellung gut ausgenutzt werden kann. Die Zeichen von inhaltlicher Bedeutung sind weniger wesentlich. Wenn die allgemeinen Formen einmal vorhanden sind, können jene leicht nach Bedürfnis geschaffen werden. Wenn es nicht gelingt oder nicht nötig erscheint, einen Begriff in seine letzten Bestandteile zu zerlegen, kann man sich mit vorläufigen Zeichen begnügen.

Man macht sich leicht unnötige Sorgen über die Ausführbarkeit der Sache. Unmöglich, sagt man, kann durch eine Begriffsschrift die Wissenschaft gefördert werden; denn die Erfindung der ersteren setzt die Vollendung der letzteren schon voraus. Ganz dieselbe Scheinschwierigkeit erhebt sich schon bei der Sprache. Diese soll die Entwicklung der Vernunft möglich gemacht haben; aber wie konnte der Mensch die Sprache schaffen ohne Vernunft? Zur Erforschung der Naturgesetze dienen die physikalischen Apparate; diese können nur durch eine fortgeschrittene Technik hervorgebracht werden, welche wieder auf der Kenntnis der Naturgesetze fußt. Der Kreis löst sich in allen Fällen auf dieselbe Weise. Ein Fortschritt in der Physik hat einen solchen in der Technik zur Folge, und dieser macht es möglich, neue Apparate zu bauen, mittels deren wieder die Physik gefördert wird. Die Anwendung auf unseren Fall ergibt sich von selbst.

Ich habe nun versucht[2], die mathematische Formelsprache durch Zeichen für die logischen Verhältnisse zu ergänzen, so daß daraus zunächst für das Gebiet der Mathematik eine Begriffsschrift her-
56 vorgehe, wie ich sie als wünschenswert dargestellt habe. Die Verwendung meiner Zeichen auf anderen Gebieten wird dadurch nicht

[2] Begriffsschrift, eine der arithmetischen nachgebildete Formelsprache des reinen Denkens. Halle a. S., 1879.

ausgeschlossen. Die logischen Verhältnisse kehren überall wieder, und die Zeichen für die besonderen Inhalte können so gewählt werden, daß sie sich in den Rahmen der Begriffsschrift einfügen. Mag dies nun geschehen oder nicht, jedenfalls hat eine anschauliche Darstellung der Denkformen eine über die Mathematik hinausreichende Bedeutung. Möchten deshalb auch Philosophen der Sache einige Beachtung schenken!

Die wichtigsten entsprechenden Ausführungen Freges in anderen Schriften

1. Zu ›Funktion und Begriff‹:
   Grundgesetze der Arithmetik, Bd. I, 1893 (Ndr. Bd. I u. II Hildesheim u. Darmstadt 1962), insb. § 1: dann auch § 2-4.

2. Zu ›Über Sinn und Bedeutung‹:
   [›Ausführungen über Sinn und Bedeutung‹], in: G. Frege, *Nachgelassene Schriften,* Bd. 1, hrsg. v. H. Hermes, F. Kambartel und F. Kaulbach, Hamburg 1969. S. 128-136; abgedr. in: G. Frege, *Schriften zur Logik und Sprachphilosophie,* hrsg. v. G. Gabriel, Hamburg 1971, S. 25-34.
   Brief an Edmund Husserl vom 24. Mai 1891, in *WB,* S. 94–98.

3. Zu ›Über Begriff und Gegenstand‹:
   ›Eine kritische Auseinandersetzung mit Kerry‹, in: Frege, *Nachgelassene Schriften,* Bd. 1, S. 96-127.

4. Zu ›Was ist eine Funktion?‹:
   ›Logische Mängel in der Mathematik‹, in: G. Frege, *Nachgelassene Schriften,* Bd. 1, S. 171-181.

5. Zu ›Über die wissenschaftliche Berechtigung einer Begriffsschrift‹:
   ›Booles rechnende Logik und die Begriffsschrift‹, in: a.a.O., S. 9-52.
   ›Booles logische Formelsprache und meine Begriffsschrift‹, in: ebd., in: a.a.O., S. 53-59.
   ›Über die Begriffsschrift des Herrn Peano und meine eigene‹, in: Frege, *Kleine Schriften,* hrsg. v. I. Angelelli, Darmstadt 1967, S. 220-233.

Ausgewählte Literatur

A. Allgemeine Bibliographien

1. Gabriel, G. (Hrsg.), Gottlob Frege. Schriften zur Logik und Sprachphilosophie, Hamburg 1971, 187–215.
2. Schirn, Matthias (Hrsg.), Studien zu Frege (vgl. Nr. 12), Bd. III, 157–197.

B. Zur Einführung und Allgemeines

3. Kneale, William C.: »Gottlob Frege and Mathematical Logic«, in: *Revolution in Philosophy,* ed. G. Ryle. London 1960, 26–40.
4. Geach, Peter Thomas: »Frege«, in: G. E. M. Anscombe und P. T. Geach, *Three Philosophers: Aristotle, Aquinas, Frege.* Oxford 1961, 127–162.
5. Kneale, William C.: »Frege's General Logic«, in: W. Kneale and M. Kneale, *The Development of Logic.* Oxford 1962, 478–512.
6. Thiel, Christian E.: Sinn und Bedeutung in der Logik Gottlob Freges. Monographien zur philosophischen Forschung, Bd. 43. Meisenheim/Glan 1965, VIII und 172 S.
7. Dummett, Michael: »Gottlob Frege«, in: *The Encyclopedia of Philosophy,* ed. Paul Edwards u. a. New York, London 1967, Bd.111, 225–237.
8. Klemke, E. D. (Hrsg.): *Essays on Frege.* Urbana, Chicago und London 1968. XIV, 586 S.
9. Largeault, Jean: *Logique et philosophie chez Frege.* Paris - Louvain 1970, XXVII, 486 S.
10. Patzig, Günther: »Gottlob Frege und die logische Analyse der Sprache«, in: G. Patzig: *Sprache und Logik.* Göttingen 1970, 2.Aufl. 1980, 77–100.
11. Dummett, Michael: *Frege. Philosophy of Language,* WorcesterLondon 1973, 2.Aufl. 1981, 705 S.
12. Schirn, Matthias (Hrsg.): *Studien zu Frege I–III,* Stuttgart - Bad Cannstatt 1976.
13. Bell, David: *Frege's Theory of Judgement,* Oxford 1979, 165 S.
14. Sluga, Hans: *Gottlob Frege,* London–Boston 1980, 203 S.
15. Dummett, Michael: *The Interpretation of Frege's Philosophy,* Worcester-London 1981, 621 S.
16. Carl, Wolfgang: *Frege's Theory of Sense and Reference. Its Origins and Scope,* Cambridge University Press 1994, 236 S..
17. Haaparanta, Leila u. Jaakko Hintikka (Hrsg.): *Frege Synthesized,* Dordrecht 1986, 395 S.
18. Kutschera, Franz v.: *Gottlob Frege. Eine Einführung in sein Werk,* Berlin-New York 1989, 207 S.
19. Dummett, Michael: *Frege and other Philosophers,* Oxford 1991, 330 S.
20. Dummett, Michael: *Frege. Philosophy of Mathematics.* Worcester-London 1991, 331 S.
21. Stuhlmann-Laeisz, Rainer: *Gottlob Freges »Logische Untersuchungen«. Darstellung und Interpretation,* Darmstadt 1995, VIII und 209 S.

C. Spezielle Abhandlungen

Zum Funktionsbegriff

22. Black, Max: »Frege on Functions«, in: *Problems of Analysis. Philosophical Essays* by M. Black, Ithaca 1954, 229–254, 297–298. Abgedr. in (8), 223–248.
23. Dummett, Michael: »Frege on Functions: A Reply«, *The Philosophical Review* 64, 1955, 96–107. Abgedr. in (8), 268–283.
24. Dummett, Michael: »Note: Frege on Functions«. *The Philosophical Review* 65, 1956, 229–230. Abgedr. in (8), 295–297.
25. Wells, Rulon S.: »Is Frege's Concept of Function Valid?«. *Journal of Philosophy* 60, 1963, 719–730. Abgedr. in (8), 391–406.
26. Bartlett, James: »On Questioning the Validity of Frege's Concept of Function«. *Journal ofPhilosophy 61,* 1974, 203. Abgedr, in (8), 407–408.
27. Resnik, Michael David: »Frege's Theory of Incomplete Entities«. *Philosophy of Science 32,* 1965, 329–341.

Zu Freges Semantik

28. Wienpahl, Paul D.: »Frege's »Sinn und Bedeutung-. *Mind* 59, 1950, 483–494. Abgedr. in (8), 203–218.
29. Bierich, Marcus: *Freges Lehre von dem Sinn und der Bedeutung der Urteile und Russells Kritik an dieser Lehre.* Dissertation, Masch.-Schr., Hamburg 1951.
30. Marshall, William: »Frege'sTheory of Functions and Objects«. *7he Philosophical Review 62,* 1953, 374–390. Abgedr. in (8), 249–267.
31. Sternfeld, Robert: »A Restriction in Frege's Use of the Term ›True‹ «. *Philosophical Studies* (Minnesota) 6, 1955, 58–64.
32. Marshall, William: »Sense and Reference: A Reply«. *The Philosophical Review* 65, 1956, 342–36 1. Abgedr. in (8), 298–320.
33. Searle, John R.: »Russell's Objections to Frege's Theory of Sense and Reference«. *Analysis* 18, 1957/58, 137–143. Abgedr. in (8), 337–345.
34. Kauppi, R: »Über Sinn, Bedeutung und Wahrheitswert der Sätze«. *Acta Academiae Paedagogicae Jyväkyläensis* 17, 1959, 205–213.
35. Rivetti Barbö, Francesca: »II »senso e il significato« di Frege: ricerca teoretica sul senso e designato delle espressioni, e sui valori di verità«, in: *Studi di filosofia e di storia della filosofia in onore di F. Olgiati.* Mailand 1962, 420–483.
36. Fisk, Mitton: »A Paradox in Frege's Semantics«. *Philosophical Studies* 14, 1963, 56–63. Abgedr. in (8), 382–390.
37. Martin, R. M.: »On the Frege-Church Theory of Meaning«. *Philosophy and Phenomenological Research 23,* 1963, 605–609.
38. Rivetti Barbö, Francesca: »Sense, Denotation, and the Context of Sentences«, in: *Contributions to Logic and Methodology in Honor off. M. Bocheriski,* hrsg. v. A.-T. Tymieniecka, Amsterdam 1965, 208–242.
39. Thiel, Christian E.: s. (6).
40. Angelelli, Ignacio: »On Identity and Interchangeability in Leibniz and Frege«. *Notre Dame Journal of Formal Logic 8,* 1967, 94–100.
41. Linsky, Leonard: *Referring.* London, New York, 1967, Kap. 111: Sense and Reference, 22–38 und Anhang, 39–48.

42. Martin, R M: »On Proper Names and Frege's Darstellungsweise«. *The Monist* 51, 1967, 1–8.
43. Berka, Karel und Lothar Kreiser: »Eine grundsätzliche Erweiterung der Semantik G. Freges«. *Deutsche Zeitschriftfitr Philosophie* 16, 1968, 1228–1239.
44. Suter, Ronald: »Frege and Russell on the »Paradox of Identity« «. Proceedings of the Seventh Inter-American Congress of Philosophy, 1967, Bd.II, Quebec 1968, 30–36.
45. Dudman, V. H.: »A Note on Frege on Sense«. *The Australasian Journal of Philosophy 47,* 1969, 119–122.
46. Gabriel, Gottfried: »G. Frege über semantische Eigenschaften der Dichtung«. *Linguistische Berichte,* Heft 8, Jg. 1970, 10–17.
47. Tugendhat, Ernst: »The Meaning of »Bedeutung« in Frege«.*Analysis* 30, 1970, 177–189.
48. Welding, S. 0.: »Frege's Sense and Reference Related to Russell's Theory of Definite Descriptions«. *Revue internationale de Philosophie 25,* 1971, 389–402.
49. Dudman, V. H.: »Frege on Assertion«. *ne Philosophical Quarterly* 22, 1972, 61–64.
50. Hoche, Hans-Ulrich: »Kritische Bemerkungen zu Freges Bedeutungslehre«. *Zeitschrift für philosophische Forschung 27,* 1973, 205–221.
51. Fabian, Reinhard: *Sinn und Bedeutung von Namen und Sätzen. Eine Untersuchung zur Semantik Gottlob Freges.* Diss. Graz 1974.
52. McDowell, John: »On the Sense and Reference of a Proper Name«, *Mind 86,* 1977, 159–185.
53. Hintikka, Jaakko: »Frege's Hidden Semantics«. *Revue Internationale de Philosophie* 33, 1979, 716–722.
54. Dummett, Michael: »Was Frege a Philosopher of Language?«. *Revue Internationale de Philosophie* 33, 1979, 786–810.
55. Hintikka, Jaakko: »Semantics: A Revolt against Frege«, in: *Contemporary Philosophy,* hrsg. v. G. Fleistad, The Hague 1981, 57–82.
56. Hintikka, Jaakko: »A Hundred Years Later: The Rise and Fall of Frege's Influence in Language Theory«. *Synthese* 59, 1984, 27–50.
57. Kemmerling, Andreas: »Gedanken und ihre Teile«. *Grazer Philosophische Studien 37,* 1990, 1–30.

Über den Begriff bei Frege

58. Khatchadourian, Haig: »Frege on Concepts«. *Theoria 22,* 1956, 85–100.
59. Schorr, Karl Eberhard: »Der Begriff bei Kant und Frege«. *Kantstudien* 58, 1967, 227–246.
60. Gram, Moltke S.: »Frege, Concepts, and Ontology«, in: (8), 1968, 178–199.
61. Gustason, William: »Frege, Geach, and »The Concept *Horse*««, *Mind* 81, 1972, 125–130.

Freges Begriffsschrift

62. Segeth, Wolfgang: »Gottlob Freges Begriffsschrift«, in: W. Segeth: *Elementare Logik.* Berlin 1966
63. Hermes, Hans: »Zur Begriffsschrift und zur Begründung der Arithmetik«, in: G. Frege, *Nachgelassene Schriften,* Bd. L, hrsg. v. H. Hermes, F. Kambartel und F. Kaulbach, Hamburg 1969, IXXVII.

Register